설교와 청중

Preaching and Audience

조성헌 지음

CLC

기독교문서선교회(Christian Literature Center: 약칭 CLC)는 1941년 영국 콜체스터에서 켄 아담스에 의해 시작되었으며 국제 본부는 영국의 쉐필드에 있습니다.

국제 CLC는 59개 나라에서 180개의 본부를 두고, 약 650여 명의 선교사들이 이동도서차량 40대를 이용하여 문서 보급에 힘쓰고 있으며 이메일 주문을 통해 130여 국으로 책을 공급하고 있습니다.

한국 CLC는 청교도적 복음주의 신학과 신앙서적을 출판하는 문서선교 기관으로서, 한 영혼이라도 구원되길 소망하면서 주님이 오시는 그날까지 최선을 다할 것입니다.

Preaching and Audience

Written by
Cho, Sung Hun

Korean Edition
Copyright © 2016 by Christian Literature Center,
Seoul, Korea

* 일러두기

이 책에서 성경은 바른성경을 사용하였습니다.

추천사 1

켄트 에드워즈 박사
미국 탈봇신학대학원(바이올라대학교) 설교학/리더십 교수

효과적인 소통은 언제나 개인적입니다. 친밀감은 우리가 무엇을 말하는가 뿐만 아니라 어떻게 말하는 가에도 영향을 미칩니다. 우리가 대화하는 상대를 매우 잘 알 때, 무심결에 한 말도 잊지 못할 순간으로 변할 수 있습니다. 설교 선포도 마찬가지입니다.

목회자가 그의 성도들을 잘 알 때 그들의 언어를 훨씬 더 효과적으로 맞출 수 있습니다. 그러할 때 구체적인 청중과 상황을 향해 구체적인 방식으로 말씀하신 예수님, 베드로, 바울 그리고 스데반의 전통을 따르게 됩니다.

조성헌 박사는 성경에 근거하면서도 실제적인 면을 지향하는 이 책을 통해 교회를 잘 섬기고 있습니다. 그의 책은 당신이 어떻게 성도들에 대한 지식을 사용하여 설교를 효과적으로 잘 전달할 수 있는지를 보

여주고 있습니다. 최고의 설교들은 언제나 개인적이기 때문입니다.

Effective communication is always personal. Intimacy influences not only what we say, but how we say it. When we know the person we are talking to very well, casual comments can be transformed into unforgettable encounters. The same is true with preaching.

When a pastor knows their congregation well, they can tailor their comments for far greater effectiveness. And when they do, they follow in the tradition of Jesus, Peter, Paul and Stephen who spoke in unique ways to unique audiences and situations.

Dr. Sunghun Cho serves the church well with this biblical based, practically oriented book. He shows you how you can leverage your knowledge of your congregation to significantly increase the effectiveness of your sermons. Because the best sermons are always personal.

J. Kent Edwards, Ph.D., D.Min.
Professor of Preaching & Leadership
Talbot School of Theology / BIOLA University

추천사 2

손석태 박사
개신대학원대학교 명예총장

　개신대학원대학교 총장 조성헌 박사님이 『설교와 청중』이라는 저서를 출판하여 내놓았습니다. 대학교의 총장이라는 직무 이외에도 교단 총회, 각종 학회, 그리고 총장협의회 등에서 중책을 맡고 있는 상황 속에서 시간을 내어 연구하고, 이러한 책을 저술하고 출판할 수 있었다는 사실 하나만으로도 그의 연구열과 학자로서의 책임감에 박수를 보내고 축하해 드리고 싶습니다.

　특히 저는 저자가 신학대학교에서 신학생을 교육하는 수장으로서 신학생들의 눈높이에 맞는 설교의 필요성과 방법에 대한 가르침을 책으로 펴냈다는 사실이 의미가 크다고 생각합니다. 신학 교육의 궁극적인 목표는 목회이고, 목회의 중심은 설교이기 때문입니다. 따라서 우리 목회자는 설교에 우리의 목숨을 걸어야 하는 존재입니다.

이러한 상황 속에서 『설교와 청중』이라는 책은 현대의 말씀을 맡은 설교자들에게 설교란 어떤 것이며, 어떻게 준비해야 하며, 어떻게 전해야 하는가를 새롭게 가르쳐 주는 5부로 엮어진 설교학 교과서와 같은 책이라고 생각됩니다.

첫째, 저자는 설교자가 청중을 이해하되 성경을 근거하여 이해해야 하며, 우리가 사는 현대의 문화적 배경 속에서 청중의 문제와 필요를 이해해야 한다고 전제합니다.

둘째, 설교자가 성경적이고 신학적인 기초 위에서 청중들에게 설교할 때 하나님께서는 그 설교자를 통하여 말씀하신다는 확신을 이야기하고 있습니다. 설교자가 설교하는 동안 성령께서 그를 도우신다는 것입니다. 또한 저자는 하나님께서 설교자가 전하는 설교를 통하여 말씀하고 계신다는 사실을 설교자 자신이 확실히 믿어야 한다고 역설합니다.

셋째, 저자는 맞춤 설교의 이론적 기초 위에 이제 그의 논지를 청중으로 옮겨 가 설교에 있어서 청중 분석과 청중 맞춤에 대한 소통 이론을 다루고 있습니다. 설교자는 그의 청중의 필요나 관심사, 세계관이나 가치관, 역사나 문화 등의 특성을 고려해서 설교를 해야 한다는 것입니다. 저자는 설교에 있어서 말씀에 대한 지식 못지않게 청중에 대한 깊은 이해의 필요성을 강조하고 있습니다.

넷째, 저자는 청중 분석과 말씀 적용에 대한 이론을 전개합니다. 그의 이론의 요점은 설교자의 메시지와 청중 분석 결과 얻어진 청중의 필요가 서로 맞닿아야 한다는 것입니다. 이때 메시지 자체는 보존하면서 메시지의 형태만을 변화시켜 효과적으로 설교를 청중에게 전달하는 것이 중요하다는 것입니다. 이러한 메시지 전달 방식은 설교를 준비할 때 뿐만 아니라 설교 중이라도 청중의 반응에 따라 유연하게 원고를 맞추어 가고, 심지어 설교가 끝난 후에도 청중의 반응을 살피고 평가하여 다음에 참고해야 한다고 기술하고 있습니다. 설교할 때에 원고를 읽거나 자기 설교에 대한 자체 평가를 하지 않는 자들에게는 이러한 유연성을 갖기가 어려울 것입니다.

마지막으로 저자는 그의 이론을 근거로 두 그룹의 청중 분석과 그에 따른 맞춤 설교를 실례로 들고 있습니다. 한 그룹은 신학교의 학생과 교직원이 모인 채플의 청중이고, 다른 한 그룹은 저자 자신이 출석하는 교회의 청중들을 분석하고 이들에게 맞는 설교를 소개하고 있습니다.

좀 더 일찍 저자 조성현 박사님의 책을 읽었더라면 제가 설교 준비를 보다 성실히 하고, 좀 더 자신있게 할 수 있었으리라는 생각이 들었습니다. 설교 준비는 성경의 주석 못지 않게 청중에 대한 이해가 필요하며, 청중은 신학적 문화적 배경 가운데서 과학적으로 분석되어 청중의 눈높이에 따라 유연하게 맞추어져야 한다는 것이었습니다.

조성현 박사님은 여러 종류의 다양한 설교학자와 설교자들의 책을 인용하고 있지만 그의 이론과 실례는 근본적으로 보수 개혁주의 신학의 틀 속에서 설교란 이런 것이라고 그 실체를 보여 주는 것 같습니다. 주제 의식이 뚜렷하고 쉽게 쓰여진 책이라서 마치 물이 흐르듯이 쉽게 읽혀집니다. 모든 신학생들이나 설교자들이 청중에 맞는 설교를 준비하는 데 큰 도움이 될 수 있으리라 확신하며 이 책을 읽고 참조하시기를 적극적으로 추천합니다.

추천사 3

배창돈 목사
평택대광교회 담임

오늘날은 설교의 홍수라고 할 만큼 설교를 쉽게 들을 수 있습니다.

설교의 홍수 속에서도 변화되는 사람을 찾아보기 힘들다는 것이 기적이라고 말하면 모순일까요?

이러한 시대에 좋은 설교의 지침서가 나와서 기쁨으로 추천합니다.

아무리 좋은 내용과 형식, 신학적인 이론에 근거한 설교일지라도 청중이 제대로 알아듣지 못하면 기대하는 효과를 거둘 수 없습니다. 그런 점에서 『설교와 청중』은 이런 문제를 속 시원하게 해결해주는 좋은 책이라 할 수 있습니다. 참으로 탁월한 전개를 통해 쉽고 명확하게 안내하고 있습니다.

이 책은 신학적, 문화적, 그리고 현실적 근거와 함께 성경적, 신학적 기초를 세워줍니다. 특히 성경을 통해서 그 예를 제시할 뿐만 아니라 실제적인 예를 통해 설교자들에게 좋은 길잡이의 역할을 하고 있습니다. 평생 설교를 해도 두렵고 떨리는 마음으로 말씀을 대해야 하는 목회자들에게 단비와 같은 책이라고 할 수 있습니다.

『설교와 청중』의 저자인 개신대학원대학교 총장 조성헌 박사님은 끊임없이 노력하는 신학자로 후학을 위한 가르침의 열정이 남다릅니다. 특히 그의 겸손함은 많은 목회자들과 신학도들에게 좋은 영향을 끼치고 있습니다.

만나면 만날수록 정감이 가고 또 만나고 싶고 대화하는 것이 즐거운 사람이 있습니다. 이런 사람 중에 한 명이 바로 조성헌 박사님이라고 말하고 싶습니다. 이런 분이기에『설교와 청중』이라는 책에 대해 또 다른 가치를 부여하고 싶습니다.

설교에 대해 고민하는 목회자와 신학을 공부하는 신학생들에게 이 책이 큰 도움을 줄 것이라 의심하지 않기에 기쁨으로 추천합니다.

이 책이 한국교회를 건강한 교회로 세우는 데 일조하기를 간절한 마음으로 소원해 봅니다.

저자 서문

조성헌 박사
개신대학원대학교 총장

우리는 많은 경우에 다른 사람들이 하는 것을 보고 관찰하면서 배우곤 한다. 예술, 사업, 스포츠 등의 모든 분야에서 그렇다. 필자는 설교학 첫 강의시간에 본인의 취미가 테니스라고 학생들에게 소개한다. 대학 때 테니스를 조금 배웠고 거의 10년간 치지 않다가 미국 달라스에서 공부와 사역을 하면서 그 실력이 많이 늘었다. 그 때 친한 분이 테니스를 잘 치셔서 그분에게도 많이 배우기도 했고, 윔블던 테니스 대회의 비디오 녹화를 통해 프로 선수들이 어떻게 서브하고 스매싱을 하는지 등의 동작을 반복적으로 보고 연습하면서 실력을 향상시켰다.

설교도 이와 같다. 필자는 미국 트리니티신학대학원에서 설교학의 기초를 쌓으며 본문 석의를 공부했었다. 그 후에 박사과정을 공부했던 바이올라대학교 탈봇신학대학원에서 지도 교수님들의 설교를 보고 배우면서 설교를 한층 더 깊이 있게 발전시킬 수 있었다. 그 중 켄트 에드워즈 교수님과 도널드 스누키안 설교학 교수님은 내 설교에 터닝 포인트가 되어 주신 분들이다. 켄트 에드워즈 교수님은 미국 복음주의 개혁신학으로 유명한 고든코넬신학대학원에서 설교학을 가르치다가 탈봇신학대학원에서 모셔온 분이다. 도널드 스누키안 교수님은 강해설교의 본거지인 미국 달라스신학대학원에서 설교학을 가르치다가 탈봇신학대학원으로 옮겨오신 분이다. 두 분 모두 강해설교의 대가인 해돈 로빈슨의 제자이시며 신학교 실천학 동료 교수이시다. 두 분의 강의와 책들과 개인적인 만남은 나에게 설교에 대해서 많은 인사이트와 도움을 주었다. 탈봇 박사과정에서 공부했지만 조금 더 설교학을 제대로 배우기 위해 이분들의 허락을 받고 목회학석사과정 설교학 수업들을 들었다. 특히 저자의 지도 교수님이신 켄트 에드워즈의 강의는 빠짐없이 들었다.

설교학 뿐만 아니라 어느 분야든 대가들의 책을 읽고 연구해야 한다. 관심 분야의 최고의 책을 사서 읽어야 한다. 필자는 신학생들에게 말한다.

"여러분이 신학교를 다니고 있는 지금 교수님들이 추천해 주신 최고의 책들을 사서 읽지 않으면 평생 좋은 책들을 사지 않을 것이다."

잘 모른다면 교수님에게 직접 찾아가서 여쭈어 보고 여러분에게 도움이 될 만한 책들을 추천받거나 인터넷에서 정보를 찾아보며 다른 사람들의 설교나 강의를 들어보아야 한다. 필자의 평생의 삶과 사역이 깃든 이 책이 그러한 책이 되기를 소망한다.

이 책은 저자가 2012년 미국 바이올라대학교(Biola University)에 제출

한 박사 학위 논문을 한국교회 목회현장에 실제적으로 필요한 책으로 편역하고 보완한 책이다.

끝으로 이 책이 나오기까지 부족한 강의를 경청해준 개신대학원대학교 졸업생 및 재학생들, 필자를 위해 기도해 주시고 후원해 주신 대한예수교장로회(개혁)의 지교회들, 바쁘신 일정 가운데 이 책의 추천사를 써 주신 존경하는 켄트 에드워즈 교수님(미국 바이올라대), 손석태 명예총장님(개신대학원대학교), 배창돈 목사님(평택대광교회)께 감사의 말씀을 드린다. 항상 학교를 위해 온 마음을 쏟으시고 지원을 아끼지 않으시는 조성환 이사장님과 종암중앙교회 성도님들, 그리고 학교의 발전을 위해 전심으로 애쓰며 함께 동역하는 김광채, 배종열, 김구원, 노원석, 구병옥, 윤형철, 강대훈, 장보연 교수님들과 직원들에게도 큰 감사를 드린다.

마지막으로 이 책 작업을 잘 마무리할 수 있도록 끝까지 옆에서 격려해 준 사랑하는 아내(손성혜)와 나의 기쁨의 자녀들(현승, 현영, 현아)과 하나님 나라와 의를 위해 지금까지 온몸으로 수고하신 내 삶의 영원한 모범이자 멘토이신 부모님들에게 진심으로 감사하다는 말씀을 드린다.

2016년 10월 1일

Preaching and Audience

Contents

추천사 1 켄트 에드워즈 박사(미국 탈봇신학대학원[바이올라대학교] 설교학/리더십 교수) | 5
추천사 2 손석태 박사(개신대학원대학교 명예총장) | 7
추천사 3 배창돈 목사(평택대광교회 담임) | 10
저자 서문 | 12

제1장
왜 청중 맞춤 설교가 중요한가? | 19

    1. 신학적 근거
    2. 문화적 근거
    3. 현실적 근거

제2장
청중 맞춤 설교의 성경적, 신학적 기초 | 39

    1. 하나님이 말씀하신다
    2. 하나님이 설교를 통해 말씀하신다
    3. 설교자가 구체적인 청중에게 설교할 때 하나님이 말씀하신다
    4. 하나님이 성령을 통해 설교자들을 도우신다

제3장
설교 전달에 있어서 청중 분석의 중요성 | 107

1. 청중 분석
2. 청중 분석의 범주
3. 청중 분석의 방법

제4장
설교 전달에 있어서 청중 맞춤의 중요성 | 157

1. 설교 이전의 청중 맞춤
2. 설교 중 청중 맞춤
3. 설교 이후의 청중 맞춤

제5장
실제적인 예문 및 결론 | 181

부록 | 설교에 대한 의견 설문조사지 | 215
미주 | 219

설교와 청중

Preaching and Audience

제1장
왜 청중 맞춤 설교가 중요한가?

하면 할수록 어려운 것이 설교인 것 같다. 설교를 하다 보면 한계에 부딪치고 더 잘 하고 싶은 욕심이 생기기도 한다. 오랫동안 설교를 하다가 보면 언젠가부터는 했던 말들을 반복하게 되기도 한다. 성도들이 싫어하는 것 중 하나이다. 썼던 은유를 또 쓰기도 하고 급하면 다른 설교자의 설교를 참고하기도 하면서 말이다. '어떻게 하면 하나님이 주신 말씀으로 나만의 설교를 할 수 있을까?'에 대해 우리 모두 고민해 보았을 것이다.

66권의 변하지 않는 성경 말씀을 어떻게 우리 교회와 성도에게 나만의 설교로 전달할 수 있을 것인가를 고민하며 어려움을 느끼고 있다면 이 책을 잘 선택한 것이다. 이 책이 분명히 도움이 될 것이라고 믿는다.

왜 설교와 청중인가?

설교는 하나님의 말씀을 나를 통해서 성도들에게 전달하는 것이기 때문에 그 누구와의 설교와도 같을 수 없다. 같은 본문의 말씀을 전할지라도 설교자와 청중은 다르다. 더 나아가 설교자가 청중을 충분히 고려하고 이해하여 청중 맞춤 설교를 한다면 그 누구의 설교와도 비교할 수 없는 하나님이 터치하시는 메시지를 성도들에게 전할 수 있을 것이다. 설교에 있어 청중 분석과 청중 맞춤은 매우 중요하다. 아주 좋은 도구이다. 이 책을 통해서 청중 맞춤 설교를 소개하고자 한다.

청중을 알아가는 것은 사랑의 노동이다. 설교와 성도들을 사랑하는 마음 없이 하기는 어려운 작업이다. 그것은 많은 시간과 노력이 필요하고 창의력과 상상력도 들여야 한다. 하지만 그 효과는 경험해 본 사람만이 알 수 있다. 한 지역 교회와 부서에 가장 의미 있는 주일의 설교는 자기 교회와 성도를 잘 알고 그들에게 맞춰진 메시지를 전하는 것이다. 그들을 진심으로 사랑하면서 귀 기울이며 설교할 때에 그들의 삶에 영향력을 주게 되고, 그들을 변화시킬 수 있는 계기를 마련하게 될 것이다.

그러므로 말씀 선포가 교회 생활의 가장 중요한 요소 중 하나인 것은 의심할 여지가 없다. 베테랑 설교자이자 신학자인 존 스토트(John Stott)는 정확히 말한다.

> 설교는 기독교에 있어서 필수적이다. 설교가 없었다면 기독교의 신빙성을 보장하는 필수적인 한 면이 상실되었을 것이다. 왜냐하면 기독교의 본질은 하나님 말씀의 종교이기 때문이다.[1]

기독교의 역사와 설교의 역사는 분리될 수 없었다. 기독교 영성의 흥망성쇠는 성경적 설교와 동일한 흥망성쇠가 있었다.

"기독교 갱신은 항상 설교의 갱신이 동반되었다. 설교의 갱신마다 성경적인 설교를 재발견했다."[2]

오늘날에도 성도들이 교회를 선택하는 가장 결정적인 이유는 설교자의 설교라고 볼 수 있다.[3] 불행하게도 모든 성경적인 설교가 효과적인 설교라고 할 수는 없다.

신학생들은 석의적인 설교를 하도록 특별한 훈련을 받는다. 그리고 하나님을 경외하는 모든 설교자들은 하나님의 말씀을 성실함과 경외로움으로 전하려고 최선을 다한다. 하지만 초점을 성경의 올바른 석의에만 둔다면, 작업은 반밖에 하지 않은 것이다. 청중에 대한 이해 없이 전해진 성경적인 설교는 별로 효과적이지 못하기 때문이다. 설교에 관한 많은 책들은 청중을 의식하지 않은 설교는 실패할 가능성이 높다고 언급하고 있다. 웨인 맥딜(Wayne V. McDill)은 이 점을 강하게 주장한다.

> 청중 없이는, 설교자와 그의 설교는 필요 없을 것이다. 실로 성경도 필요가 없을 것이다. 하나님의 말씀을 필요로 하는 세상 사람들이 없었더라면 성경도 없었을 것이다. 설교를 위한 하나님의 목적은 인간에게 말씀하시기 위해서이다. 청중은 설교 상황의 주요 요소이다.[4]

설교자가 청중의 상황을 이해하지 않고 그들의 눈높이에 맞추어 말하지 않는다면 아무리 성경적인 설교라 할지라도 비효과적일 수밖에 없다. 이것은 문화와 교단을 초월한 사실이다. 대부분의 소통 방식이 대화체이기 때문에 모든 소통은 전달자와 수신자를 포함한다. 그러나 설교는 대체로 한 방향, 즉 설교자에서 회중으로 움직인다. 설교는 종교적인 독백이 되기 쉽다. 왜냐하면 설교 때 청중은 그들의 반대되는 생각이나 의견을 표현할 적절한 방법이 없기 때문이다.

프레드 크래독(Fred B. Craddock)은 설교가 밋밋하고 창의적이지 못한 것을 모면하기 위해서 설교자가 알아야 할 중요한 원리는 "무엇을 말해야 할지를 찾는 과정은 어떻게 말해야 할지의 과정과 구별되어야 한다"고 말했다.[5] 그는 이것을 다음과 같이 설명한다.

> 해석의 작업은 메시지가 도달하는 중심과 그 메시지를 설교로 만드는 움직임을 정하는 두 과정이다. 그들만의 일관성, 그들만의 목적, 그들만의 기술 그리고 그들만의 절정이 있다. 해석의 작업은 그것만의 "바로 이거야!"가 있다. 주일날의 메시지는 분명하다. 강단 위에서 성취하려고 하는 그것은 노트더미와 동트기 전의 어둠의 생각에서 햇빛으로 나아간다. '찬가'를 위해 일어설 시간이 되었다. 그리고 이것이 어떻게 소통될 것인가? 설교의 어떤 움직임이 이 메시지의 경험을 청취자에게 제공할 것인가? 이 작업은 아직 앞으로 해야 하지만, 그 일을 한 후에는, 또 다시 "바로 이거야!"가 있을 것이다. 목회자가 두 번의 "바로 이거야!"가 있지 않는 한, 듣는 자가 한 번 있는 경우는 거의 없다.[6]

다른 말로 하면, 설교자는 청중을 분석하고 맞추려는 노력 없이는 비효과적인 설교를 하게 될 것이다. 청중의 삶을 위해 준비되지 않은 설교를 하는 설교자는 손님의 입맛에 맞지 않는 음식을 제공하는 요리사와 같다. 두 경우 모두 참석한 사람들을 만족시키지 못할 것이다. 이러한 상황을 없애기 위해서는 청중 분석과 청중 맞춤 설교, 그리고 온전한

성경 석의가 함께 있어야 한다.[7]

청중 맞춤 설교를 위한 근거는 세 가지로 신학적 근거와 문화적 근거, 그리고 현실적 근거다. 신학적인 근거는 신구약의 하나님의 종들을 통해서 보여 주신 청중 이해에 대한 하나님의 관점에서 찾아볼 수 있다. 문화적인 근거는 한국의 설교자들이 청중 이해에 대한 부족함 속에서 설교의 더 큰 효과를 위해 청중 분석과 맞춤에 대한 필요를 논한다. 현실적인 근거는 필자의 개인적인 경험에서 비롯된다.

1. 신학적 근거

내일 있을 시험을 위해 정말 열심히 노력해 본 적이 있는가? 시험 시간까지 얼마가 남았는지를 계산해 가며 도서관을 떠나지 않고 늦은 밤까지 공부하며 졸지 않기 위해 더블샷 에스프레소 커피를 마시며 시험 준비를 했다고 가정해 보자.

그런데 막상 시험지를 받고 보니 시험 범위를 잘못 알았던 것이다. 얼마나 허무하겠는가! 열심도 있었고 충분한 지식도 있었지만 교수의 말을 제대로 듣지 못한 것이다. 청중을 이해하는 것도 이와 마찬가지이다. 하나님은 설교와 청중을 어떻게 생각하시는지, 성경은 설교와 청중을 어떻게 보여 주고 있는지가 우리의 열심과 지식의 근본이 되어야 한다.

청중을 이해하는 첫 번째 기본적인 근거는 신학적 근거가 되어야 한다. 하나님은 설교자들을 통해 그의 음성을 듣는 사람들에게 구원과 믿음을 주신다. 설교자가 어떻게 설교하는가에 따라 듣는 사람들의 삶에 심오한 영향을 미치게 된다. 믿음은 들음에서 나온다(롬 10:17). 설교는 그 메시지를 듣고 따르는 사람들에게 구원 그 이상을 성취하게 한다. 잘 준비된 설교는 아직 예수를 그리스도로 알지 못하는 자들을 구원으로 이끌 수 있다. 한편 이미 구원받은 사람들에게는 영적 성장에 필요한 요인이 된다. 설교는 하나님이 요구하시는 영적 성장을 이루게 한다.

> 그가 혹은 사도로, 혹은 선지자로, 혹은 복음 전하는 자로, 혹은 목사와 교사로 주셨으니 이는 성도를 온전케 하며 봉사의 일을 하게하며 그리스도의 몸을 세우려 하심이라 우리가 다 하나님의 아들을 믿는 것과 아는 일에 하나가 되어 온전한 사람을 이루어 그리스도의 장성한 분량이 충만한 데까지 이르리니 (엡 4:11-13).

사도 바울은 이 말씀을 에베소 교회에 보내면서 목회자들과 교사들의 말씀 사역을 각별히 강조했다. 여기서 목사와 교수 두 가지가 다른 은사인 것처럼 소개되어 있지만, 원 헬라어에서는 거의 틀림없이 하나의 역할이라고 본다. 바울은 목사와 교수를 따로 말하는 것이 아니라 목사이자 교수에 대해 이야기하고 있는 것이다.[8] 이러한 의미에서 목회자들은 교회가 '그리스도의 풍성함'으로 성장하기 위해 하나님의 말씀을 설교하고 가르치도록 안수 받았다. 경청하며 듣고 따르는 사람들은 믿음과 은혜 가운데 성장할 것이다. 이것은 설교자와 청중 모두에게 의미가 있다.

설교의 중요성은 특별히 중시된다. 청중의 내적 믿음이 자라기 위해서는 설교를 근면하게 경청해야 한다. 설교자는 청중을 인식해야 하고 그들이 누구인지와 그들의 관심은 무엇인지, 그리고 설교를 청중에게 어떻게 연결시켜야 하는지도 알아야 한다.

하나님이 말씀하실 때는 항상 구체적인 청중을 염두에 두셨다.

> 주 여호와의 영이 내게 임하셨으니, 이는 여호와께서 내게 기름을 부으시고 가난한 자들에게 아름다운 소식을 전하게 하시려는 것이다(사 61:1).

에스겔 21:2에서 하나님이 에스겔에게 말씀하실 때에도 구체적인 청중을 생각하셨다.

> 인자야, 네 얼굴을 예루살렘으로 향하고 성소들을 향해 외치며 이스라엘 땅을 향해 예언하여라(겔 21:2).

이 두 경우 모두 하나님은 '가난한 자'(the poor)와 '성소'(the sanctuary)라는 구체적인 청중을 그의 종에게 주셨다. 더 나아가 구약의 설교자들은 그들이 전하는 청중에게 의도적으로 맞춘 설교를 했다.

모세는 가나안 땅에 들어가려는 이스라엘 백성들을 누구보다도 잘 알고 있었다. 그들을 40년 넘게 인도하였고 그들의 두려움과 약점들을 아주 잘 알았다. 그들이 쉽게 방황하며 불순종하는 백성이라는 것도 알았다. 신명기에 기록되어 있는 모세의 설교들은 경고와 약속의 말씀이다. 모세는 이스라엘 백성들에게 가나안의 이방신들을 따라가지 말 것을 경고하며, 하나님의 말씀대로 순종하며 사는 것이 축복의 길인 것을 거듭 가르친다. 모세의 마지막 설교는 청중이 가지고 있는 두려움과 필요, 그리고 그들의 특성들을 잘 다루고 있다.

하나님은 종들을 통해서 구체적인 청중에게 말씀하셨을 뿐만 아니라 종들이 그들의 청중을 이해하고 그들의 필요를 알 수 있도록 하셨다. 에스겔은 말한다.

> 영이 나를 들어 올려 데리고 가실 때에 내가 괴롭고 심령이 분하였으나, 여호와의 손이 내게 강하게 임하셨다. 내가 그발 강가에 사는 델아빕 포로들에게 가서, 그들이 거하는 그곳에서 칠일 동안 놀란 채로 그들과 함께 앉아 있었다(겔 3:14-15).

에스겔은 성령의 인도하심에 따라 망명자들의 아픔과 상황을 함께 하도록 보내어졌다. 그들에게 하나님의 메시지를 전하기 이전에 그들과 함께 해야 했다.[9] 하지만 이스라엘의 망명자들은 에스겔의 메시지를 쉽게 받아들이지 않았다. 사실 하나님은 그들의 닫힌 마음을 이미 알고 계셨다. 그렇기 때문에 하나님은 에스겔에게 그 어떤 선지자보다도 더 많은 예언적인 상징을 사용하여 메시지를 전하도록 하셨다. 이처럼 하나님께서는 선지자들의 다른 배경, 성격, 그리고 사회적 지위를 사용하셔서 그의 말씀을 청중에게 전하셨다.[10] 선지자들은 그 사람들 가운데에 거했고, 그들의 경험을 나누었고, 그들의 정확한 영적 상태를 알고 있었다.

하나님이 이 세상과 자신을 소통하고자 하시는 갈망은 길고 긴 구약의 무수한 선지자들을 통해서 확인할 수 있다. 인류를 향한 하나님의 궁극적인 사랑의 행위는 그의 아들 예수 그리스도를 인류에게 보내신 것이다. 성육신은 청중을 위해 하나님 자신을 낮추신 최고의 예인 것이다. "하나님께서 역사상 가장 중요한 메시지를 전하려 하셨을 때 그는 가장 효과적인 소통 전략을 사용하셨다. 바로 성육신적 소통이다."[11]

'성육신적 소통'이 효과적인 이유 중 하나는 청중에게 맞출 수 있는 능력 때문이다.[12] TV와 라디오 같은 다른 소통 방식은 전달자가 청중을 보지도 듣지도 못한다. 즉 설교하는 당시 청중의 반응이 어떠한지 알 길이 없다. 전달자가 청중 가운데 있을 때에만 효과적인 청중 맞춤이 가능하다.

워렌 워어스비(Warren Wiersbe)의 설교에 대한 개념은 예수 그리스도의 성육신과 결합되어 있다.

> 나는 결론을 내렸다. 이것(성육신)이야말로 하나님께서 왜 말씀 선포를 명하셨는지를 설명해 주는 아주 중요한 핵심인 것이다. 하나님의 아들이 세상에 오셨을 때 말씀이 육신이 되신 것같이 (요 1:14) 하나님의 사람이 하나님의 메시지를 선포할 때 하나님의 말씀이 육신이 되어야 하는 것이다. 하나님의 말씀을 전해야 하는 성직자로 부름 받은 우리에게는 이것이 더욱 적용되어야 하는 것이다. 간단히 말하면, 효과적인 설교는 개인적이다. 사람들이 자신에게 정말 중요한 것에 대하여 다른 사람들에게 이야기하는 것이다.[13]

그러므로 설교는 성육신적이다. 그리고 설교가 효과적이기 위해서는 개인적이어야 한다. 더 나아가 개인적이고 효과적이기 위해서는 하나님의 말씀을 청중들에게 개별적으로 맞춰야 한다. 하나님께서 메시지를 전하기 위하여 우리와 같이 되신 예는 청중 맞춤 설교의 신학적인 기초가 된다. 하나님께서 자신을 인류와 소통하시기 위해서 성육신하셨다는 것을 고려한다면, 청중을 잘 아는 것이 효과적인 설교의 중요한 한 요소임은 자명하다.

한 예로, 예수님의 삶과 사역은 설교 사역을 어떻게 해야 할지 명확하게 보여준다. 예수님은 설교하실 때에 청중의 필요를 다루셨다. 예수님은 메시지를 선포하시면서 청중의 필요에 반응하셨다. 오천 명을 먹이신 후에 자신을 생명의 양식이라고 말씀하셨다. 양식을 먹이시면서 예수님은 메시지를 전하셨다.

그리고 예수님은 우물가에서 만난 사마리아 여인의 구체적인 상황에 맞추어 말씀을 전하셨다(요 4:7-26). 그는 유대, 사마리아, 그리고 갈릴리까지 가서 사람들을 만나 주셨고 그들의 필요 속에서 말씀을 전하셨다. 예수님은 그의 청중을 아셨고 그들의 필요와 눈높이에 맞춰 말씀하셨다. 이러한 신학적인 근거가 이 책의 기본이 된다. 청중의 특수한 상황을 무시한 채 전해지는 설교는 비효과적일 뿐만 아니라 성경적이지도 않다.

2. 문화적 근거

초대 한국교회 목회자들은 오직 성경 위주로 설교하도록 훈련받았다. 기성세대의 목회자들은 일반적으로 성경만으로 설교했다. 하나님 말씀에 대한 큰 존경심이 성경을 설교의 모든 것이 되게 했다. 개인적인 간증, 경험 그리고 성경에 근거되지 않은 예화들은 청중이 좋아하더라도 사용하지 않았다.[14]

전통적인 한국설교의 진형적인 스타일은 세 가지 요점의 주제설교라고 볼 수 있다. 이 세 가지 요점들은 성경의 여러 구절들이 뒷받침된다. 그 구절들을 선택된 본문에서 반드시 가져오지는 않는다. 이것이 설교를 강해보다는 주제설교로 만든다.

『한국설교대전집』에 있는 1,100편이 넘는 설교 가운데 80% 정도가 이러한 세 가지 요점의 주제설교이다.[15] 이것은 이러한 설교 형태가 지난 세기를 대표했던 것을 나타낸다. 오늘날에도 한국의 설교자들은 대부분 연역적 강해설교를 지지하는 편이다. 설교 내용이 논리적으로 전달되었을 때 효과적이라고 생각한다. 그리고 주제 아이디어를 명확히 하고 논리적인 진전을 주기 위해 많은 노력을 한다.[16] 메시지를 어떻게 전해야 할지보다는, 본문의 주요 아이디어를 조직적으로 전하는 것에 초점을 둔다.

이러한 설교 방식은 유교적인 한국사회와도 잘 맞았다. 담임목사에게는 통치적인 신분이 주어졌고 목회 사역은 담임목사의 권위에 주도적으로 맡겨졌다.

> 지시적인 스타일의 목회는 권위를 사용하여 사람들에게 다가
> 가고 보살피는 것과 일관된다. 하지만 이러한 방법은 현 시대를
> 살아가고 있는 사람들의 아픔, 염려, 고통, 폭력 및 갈등과 같은
> 여러 문제들을 해결하기에는 역부족이다.[17]

이 방법의 또 다른 문제점은 한국의 목회자들이 그들의 회중의 필요와 특징에 충분히 귀 기울이지 않은 채 잘 안다고 생각하는 것이다. 그 이유는 "목회자와 성도들의 관계는 자유스러운 대화보다는 절대적인 계층 구조로 유지되었기 때문이다. 담임목사의 이러한 엄격하고 권위적인 태도는 개인들과의 소통에 열린 대화가 없어 실패하게 된다."[18] 결론적으로 전통적으로 한국교회 목회자들은 청중이 필요로 하는 것에 대해 이해하려는 노력 없이, 말씀 중심적인 세 가지 요점의 설교를 했다고 볼 수 있다.

이러한 설교의 전통적인 접근은 점점 어려워지고 있다. 1950년대의 한국전쟁 참사 이후 1960년대의 산업혁명에 이어서 한국은 경제적으로 엄청난 진전을 경험했고, 생활수준도 급속히 증가했다.[19] 이러한 극적인 경제 성장으로 전통적인 가치관들은 사라지고 있다. 교회 속의 전통적인 규범들도 그러하고 교회의 역할에 대해서도 현재성을 잃으면서 과도기를 지나고 있다.[20]

또한 오늘날 청중의 기대는 이전과는 많이 다르다. 설교자의 권위와 말씀의 절대성만으로는 그들의 관심을 끌기 힘들다. 청중을 고려하지 않은 채 성경적인 내용을 전하는 것은 더 이상 교인들을 집중시킬 수 없다.

2007년, 한국교회의 내·외부에서 일어나고 있는 변화들을 알아보기 위해「목회와 신학」과 전문 여론기관인 '글로벌리서치'가 함께 설문조사를 실시했다. 한국교회의 설교 역할에 대한 보다 나은 이해를 얻기 위해서였다. 2007년 1월 20일부터 2월 5일까지 소형, 중형, 대형교회의 578명의 담임목사들에게 전화상으로 90가지 질문을 했다. 통화 시간은 평균적으로 대략 40분 정도였다. 이 조사로 현재 한국교회 설교에 대한 상태와 미래의 방향에 대한 많은 이해를 얻을 수 있었다.

일반적으로 설문에 참여한 목회자들 중 75.5%는 목회 사역에 있어서 설교의 역할이 이전보다 더 중요해졌다고 대답했다.[21] 젊은 세대의 목회자들은 메시지 전달에 대해 더 많은 관심을 가지는 반면, 기성세대는 성경 자체를 가지고 전하는 것에 더 관심을 가졌다.[22] 이 현상은 최근에도 달라지지 않은 현상이다.

다른 설문조사에서는 다음과 같이 보고한다.

> 목회자의 인구사회학적 특성별로는, 남자 60세 이상, 50명 미만, 읍면 지역의 경우 '설교는 오직 하나님 말씀만 전해야 한다'는 보수적인 입장이 우세한 반면, 49세 이하와 대도시에서는 '시대에 맞게 현대 사회의 주제들을 다뤄야 한다'는 응답이 상대적으로 높은 비중을 보였다[23]고 한다.

또한 설교 이론과 설교 현실 사이에 차이가 있음을 알게 되었다. 효과적인 설교의 필요성을 인식하는 목회자들은 있었지만 개선하기 위한 어떠한 구체적인 노력도 하고 있지 않았다.[24]

이 책의 주제와 직접 관련이 있는 조사 결과에 따르면, 설교 전달에 대한 관심이 증가했다는 것을 알 수 있었다.[25] 이것은 청중의 중요성에 대한 인식이 높아졌다는 것을 의미한다.[26] 하지만 이러한 청중에 대한 인식의 변화는 만족스러운 설교 전달로 연결되지는 않았다. 목회자들 중 69.5%만 그들의 설교에 만족했다.

설교 준비 과정에 있어 가장 중요한 요소가 무엇인지 질문했을 때, 63%는 개인적인 영성을 가장 중요하게 여겼다. 그 다음은 올바른 성경적인 석의(26.7%)와 청중과 상황의 이해(9.1%)였다.[27] 이것은 최근 청중의 인식의 변화에도 불구하고 대부분의 한국교회 설교자들은 청중의 역할에 적절한 의미를 두지 않는다고 볼 수 있다. 그러므로 이 책을 통해 효과적인 설교를 위한 청중의 중요성에 대한 인식을 높이고, 전통적인 일방적 설교 소통 방식에 대한 대안을 알리고자 한다.

3. 현실적 근거

얼마 전 필자는 새벽에 일어나 말씀을 준비하면서 답답함을 느꼈던 적이 있다. 그 주 말씀의 핵심은 평강의 하나님을 체험하려면 기도하고 생각하며 행하는 것인데 나는 그렇게 살고 있는가를 돌아보게 되었다. 하나님과의 깊은 만남을 위해 오전 일찍 평창동에 있는 삼각산으로 갔다. 가기 전에 비가 와서 갈까 말까를 고민했다. 그렇지만 내일 말씀을 들을 하나님이 사랑하시는 영혼들을 생각하니 거룩한 부담이 생겼다. "가야 한다. 산에 가서 더욱 하나님을 더 깊이 만나고 돌아와야 한다"고 내 자신에게 거듭 말하면서 차를 타고 떠났다. 삼각산을 오르기 전에 긴 계단 코스가 두 개 있는데 이 두 긴 계단 코스를 올라가서 본격적으로 등산을 했다. 처음에는 비도 내리고 힘들었다.

그런데 조금 올라가니 계곡물이 있고 더 올라가니 더 맑은 계곡물이 흐르고 잠시 쉬면서 계곡물 흐르는 소리를 한참을 들으며 우거진 숲에서 하나님을 찬양했다. 한국 강산이 너무도 아름다웠다. 수많은 소나무를 보며 외쳤다.

"주여, 주여, 주여!"

"잠자는 영혼아 일어나라."

"내일 설교할 때 영혼들의 가슴이 뜨거워지게 하소서."

그렇게 기도하고 나니 하나님께서 하나님 말씀을 전할 힘을 나에게 주셨다. 우리는 지금 이 순간도 하나님께서 힘을 주시지 않으면 손가락 하나도 사용할 수 없는 존재이다.

당신은 한국교회를 향한 꿈과 비전이 있는가?

필자는 한국교회를 향한 꿈과 비전이 있다. 필자는 개신대학원대학교 설교학 교수로서 필자가 가르치는 하나님의 귀한 종들이 한국교회의 거룩한 강단에서 하나님의 말씀을 바르게 전하도록 돕는 것이다. 그래서 필자가 계속해서 강의 시간에 외치는 것이 '성경적인 설교가 무엇인가?'이다. 성경적인 설교는 영혼들이 변화되어 살아나는, 영혼들을 살리는 것인데 그렇다면 성경적인 설교가 무엇인가? 하고 기도하고 고민했다.

필자는 서울 가난한 달동네 개척 교회 목사의 사형제 중 셋째 아들로 태어났다. 지방에서 부흥하는 교회를 목회하셨던 부모님은 교회에서 어려움을 당하시고 굶어 죽더라도 서울에 가서 복음을 전하자는 어머니의 말을 아버지도 하나님의 뜻으로 받으셨다. 다섯 살 된 뇌성 소아마비인 큰형과 건강하게 아들을 주시면 하나님께 바치겠다고 서원해서 얻는 둘째 형과 두 손을 잡고 서울에 올라 오셔서 오직 말씀과 오직 예수 그리스도를 외치시며 개척 교회를 하셨던 부모님의 셋째 아들로 태어났다.

얼마나 이 가슴이 어머니 배 속에서부터 복음으로 뜨거웠겠는가?

아버지가 섬기셨던 교회는 1970-80년대 엄청난 영적인 부흥을 경험했다. 그러면서 필자는 교회가 희망임을 확신하면서 살았다. 초등학교 여름성경학교 때 말씀 듣는 시간이 좋았고 중고등부와 대학부 수련회 때 들었던 설교들은 아직도 필자의 가슴을 뜨겁게 적시고 있다. 그리고 필자는 목회자의 자녀로 꽤 큰 규모의 교회에서 자라면서 개인적으로 수많은 설교자들의 설교를 들을 기회가 있었다.

설교자들은 담임목사, 부목사, 신학생, 초대 강사, 선교사 그리고 신학교 교수들을 포함했다. 목회자가 되겠다고 다짐한 이후에도 필자는 한국과 영어권 설교자들의 설교를 듣는데 많은 시간과 노력을 들였다. 많은 설교들을 들으면서 필자는 몇 가지 의문이 들었다.

'왜 어떤 설교자들은 성경을 가지고 설교하는데도 청중을 사로잡지 못할까?'

반면에 '어떤 설교자들은 성경 말씀을 거의 언급하지 않는데도 청중을 사로잡을까?'

이러한 경험들로부터 필자는 회중을 알지 못한 채 설교하는 것은 '쇠 귀에 경 읽기'라고 생각하게 되었다.

필자는 현재 신학교에서 강의를 하고 있다. 학생들을 가르치면서 느

끈 점은 젊은 신학생들과 한국교회 목회자들이 청중의 중요성을 잘 알고 청중 분석과 맞춤에 대한 구체적인 방법들을 가지고 어떻게 설교할지를 배울 수 있다면, 미약하나마 현재 한국교회의 말씀 사역에 기여하고 미래 세대의 목회자들에게 도움이 될 것이라는 것이다.

바로 그 개념을 우리에게 맡겨진 성도들의 삶에 적용할 때 한국교회의 회복과 말씀의 부흥이 일어날 것이라고 확신한다. 이것이 나의 꿈과 비전이다. 이것이 하나님이 나에게 주신 소명이고 사명이다. 100년 전에 있었던 평양대부흥이 통일 한국을 꿈꾸는 분들을 통하여 다시 한 번 한국에 제2의 영적 대각성을 일으킬 것을 소망하며 기도한다.

성도들을 제대로 이해하고 그들의 삶을 안 설교자의 설교를 통하여 회개하며 하나님의 말씀에 순종하는 거룩한 백성들이 날마다 이 땅 위에 더 해지기를 소망한다.

그러나 우리의 현실은 어떤가?

현재 한국교회는 위기이다. 주위의 많은 것들이 우리를 지치게 한다. 1세대 분들이 뿌렸던 많은 긍정적인 씨앗들에 비해 부정적인 씨앗도 무시 할 수 없는 것이 현실이다. 여러 이유 중에 하나로 거룩한 강단에서 하나님의 말씀을 제대로 전달했는지를 다시 한 번 생각해 보아야 한다. 내 뜻, 내 말, 내 생각, 내 의지를 전한 것은 아닌지 되돌아보아야 한다. 그렇다면 앞으로 우리는 어떻게 해야 하는가?

오늘 이 시대에 우리에게 주시는 하나님의 사명이 있다.

이제 한국교회는 다시 일어날 시기이다. 부흥이 와야 한다. 말씀의 부흥을 갈망하시기를 바란다. 당신은 앞으로 한국교회를 이끌어 갈 주역이다.

어떤 목회자가 되기를 원하는가?

부흥의 목회자가 되기를 기대하는가?

우리에게 맡겨 주신 청중들을 제대로 분석하고 말씀을 온전히 전했을 때 어떠한 일들이 일어나는지를 우리는 누구보다도 잘 알고 있다.

설교자가 청중을 이해하고 깨닫고 알았을 때 하나님의 말씀에 힘이 있다. 말씀에 능력이 있다. 우리는 하나님의 말씀 앞으로 나아가야 한다. 한국교회의 제2의 영적 대각성을 꿈꾸며 나아가야 한다. 말씀은 역사를 바꾸는 능력이 있다. 어떠한 상황에서도 우리는 우리에게 맡겨 주신 영혼들을 가슴에 품고 예수 그리스도를 바라보고 하나님의 말씀을 의지하면서 나아가야 한다.

Preaching and Audience

설교와 청중

Preaching and Audience

제2장
청중 맞춤 설교의 성경적, 신학적 기초

청중 맞춤 설교는 '열정 있는 논리'(logic on fire)이다. 성도의 믿음은 열정에 불타는 논리를 들음에서 나온다. 들음은 하나님의 말씀에서 나온다. 하나님의 말씀은 생명을 변화시킨다. 이 진리를 믿고 한국교회의 거룩한 강단에서 매 주일 하나님의 말씀이 선포되고 있다. 그러나 우리는 매주 말씀을 듣고 있는 한국교회 성도들의 삶 속에서 거룩한 변화를 경험하고 있는지에 대해서 생각해 보아야 한다. 클라이드 라이드는 1960년대 말의 미국교회 강단을 향하여 '텅 빈 강단'이라고 하였다. 1970년대 초, 프레드 크래독(Fred Craddock)은 『권위가 없는 자처럼』(As one without authority)이라는 책을 통해 '설교자와 청중 소통의 문제'의 심각성에 대해서 진술했다.

청중 맞춤 설교는 성경적 설교를 토대로 한다. 이것은 성경을 사람들에게 맞추는 것이 아니다. 사람들이 듣기 좋은 설교를 하는 것이 아니라 성경 말씀을 사람들이 이해할 수 있게 풀어 주는 것이다. 메시지를 바꾸는 것이 아닌, 설교자에게 내면화된 말씀을 청중이 알아들을 수 있게 적용하여 이야기해 주는 것이다.

모든 메시지는 성경으로부터 시작되어야 하기 때문에 청중 맞춤 설교에 있어 성경적인 근거는 아주 중요하다. 청중 맞춤 설교를 '이 시대의 지나가는 유행이 아닐까?'라고 생각할 수도 있다. '말씀에 소홀히 하는 설교가 아닌가?'라며 '말씀에만 집중해야 하는데…'라는 의문을 가질 수도 있다. 하지만 말씀이 가장 중요하므로 그 말씀을 청중에게 바르게 전달하기 위해 노력하는 것이 청중 맞춤 설교라고 할 수 있다. 성경에는 청중을 잘 알고 그들의 필요를 채웠던 무수한 설교들이 있다.

이 장에서는 청중 맞춤 설교에 대한 성경적, 신학적 근거를 다음의 네 가지로 제시하고자 한다.

1. 하나님이 말씀하신다

하나님은 성경으로 내내 말씀하신다. 태초에 하나님은 그의 말씀으로 하늘과 땅을 창조하셨다. 알렌 캐어플(Alan Carefull)은 창조 역사를 하나님의 설교로 표현하고 있다.

> 하나님의 말씀은 하늘의 강단에서 선포되고 모두 이루어진다. 설교(선포)가 우주를 형성하고 … 설교(선포)된 말씀은 공허한 말이 아니다. 그것은 원하는 대로 이루고 말씀하신 분에게 무효로

되돌아가지 않는다.¹

설교신학이 하나님의 말씀이라는 증거와 이유는 충분하다. 성경 전체는 하나님이 인류에게 말씀하시는 활동의 실현이다. 성경은 하나님의 마음을 보여 준다. 다음은 프레드 크래독의 주장이다.

> 주제넘게 들릴 수 있겠지만, 우리는 우리의 소통 방법을 하나님께 배우고 있다고 말할 수 있다. 다시 말하면, 우리가 계시라고 부르는 것을 통해 설교라고 부르는 것을 이해하고 시행한다. 바로 하나님의 말씀이 세상에 하듯이 설교가 세상에 한다.²

하나님의 소통 방법은 인간이 손으로 만든 신들과 우상의 그것과는 현저하게 대조된다. 하나님은 계시, 영감, 보존, 성령의 조명을 통해서 말씀하신다. "하나님이 설교하신다는 것은 그의 인격적인 특징 중의 하나이기 때문에 그를 따르는 자들의 특징 중의 하나이기도 하다."³

신학자들은 하나님이 자신을 인류에게 나타내심을 일반계시와 특별계시로 분류한다.⁴

1) 일반계시

일반계시는 하나님께서 창조, 역사, 그리고 인간의 도덕성 등을 통해서 모든 역사 가운데 모든 인류와 장소에 나타내시는 것을 말한다.⁵ 시인 다윗은 하나님께서는 자연을 통해 인류에게 말씀하신다고 한다.

> 낮은 낮에게 말하고 밤은 밤에게 지식을 전하니,
> 언어가 없고 말이 없으며 그들의 음성이 들리지 않으나,
> 그 소리가 온 땅에 퍼지고 그 말씀이 세상 끝까지 이른다.
> 하나님께서 해를 위하여 하늘에 장막을 치셨다(시 19:1-4).

사도 바울은 창조를 통한 하나님의 계시를 다음과 같이 말한다.

> 세상 창조 때부터 그분의 보이지 않는 것들, 곧 그분의 영원하신 능력과 신성이 그분께서 만드신 만물을 통하여 분명히 드러나 알게 되었으므로 그들이 변명할 수 없다(롬 1:20).

또한, 하나님께서는 역사 속에서도 나타나셨다. 즉 그가 택한 이스라엘 민족의 역사 속에서 하나님께서는 자신을 나타내셨다. 예를 들면, 에스더서에는 (하나님, 예배, 기도, 또는 제사에 대한 명시적인 언급이 없지만) 하나님의 주권적인 통치와 간섭하심이 이스라엘 민족의 역사와 운명에 짙게 드러난다.[6] 성경은 하나님이 역사와 모든 민족의 운명을 주관하신다는 것을 명백하게 보여준다.

욥은 고백했다.

> 이방 민족들을 강대하게 하시고 멸망시키시며 널리 퍼지게 하시고 인도하기도 하시며(욥 12:23).[7]

인간들의 도덕적 판단과 영적 본성은 하나님의 인격의 일부를 보

여 준다. 모든 인류는 종교를 막론하고 도덕성을 가지고 있다. 바울은 말한다.

> 율법이 없는 이방인이 본성으로 율법의 일을 행할 때에는 이들은 율법이 없어도 자기가 자기에게 율법이 된다. 이런 사람들은 그들의 양심이 증언하여 그들의 생각들이 서로 고발하기도 하고 변명하기도 하여 자기의 마음에 기록되어 있는 율법의 행위를 보여 준다(롬 2:14-15).

하나님은 인류 창조 때부터 일반계시로 말씀하셨고 오늘날도 계속 그렇게 말씀하고 계신다. 하지만 이러한 방법들이 충분하다고 여기지 않으셨다. 아담과 하와의 타락은 인류의 원상태를 바꾸어 놓았고 하나님을 더 이상 개인적으로 알 수 없게 만들었다.

> 아담과 하와가 무죄의 상태였을 때는 하나님에 대해 긍정적으로(아니면 적어도 중립적으로) 기울어져 있었고 하나님께 직접적인 방식으로 반응했다. 하지만 타락 이후에는 하나님으로부터 뒤돌아서서 그를 대항했고 영적인 문제에 대한 이해력은 가려졌다. 그들과 하나님의 관계는 활발하지 않은 정도가 아니라 깨어졌고 다시 세워져야만 했다. 인간의 처지가 원래보다 더 복잡해졌기 때문에 더욱 완벽한 지시가 필요했다.[8]

하나님은 개인적인 그리고 구체적인 방법으로 자신을 인류에게 나타내서야만 했다.

2) 특별계시

특별계시는 하나님이 역사 속에서 특정 장소와 시간에 특정 사람들에게 구체적인 방식으로 자신을 나타내심으로 자신과 '구속의 관계'에 들어갈 수 있도록 하신 것을 말한다.[9] 특별계시는 개인적이고 구체적이다. 기적, 천사의 메시지, 말씀과 그리스도를 통한 하나님의 성육신을 예로 들 수 있다.

구약과 신약에 기록된 하나님의 종들을 통해 나타난 기적들은 하나님의 초자연적인 능력과 인격을 증명해 주고 있다. 엘리야 선지자의 기도 응답으로 갈멜산에서 드려진 제사를 불로 태우셨을 때에도 하나님은 이스라엘의 유일하고 참된 하나님이심을 입증해 보이셨다. 예수님께서 아픈 자들을 치유하시고 죽은 자들을 기적적으로 살리신 것도 구약에 기록된 메시야의 예언을 이루심으로 그를 드러내신 것이다. 사도들의 많은 기적 행위들은 무리들을 구원의 길로 이끌었다. 기적은 일반계시로는 볼 수 없었던 하나님을 보여준다.

하나님은 천사들을 통해서도 말씀하셨다. 천사들은 노년의 아브라함에게 아들을 낳을 것을 알려 주었다. 세례 요한의 출생과 예수님의 탄생을 예고한 천사는 하나님의 메시지를 전하는 일을 수행한다. 하나님의 백성들은 천사들의 방문을 통해 하나님이 그들의 삶을 구체적으로 인도하신다는 사실을 알 수 있었다.

(1) 말씀

예를 들어, 발레리나는 어떻게 그렇게 여러 번 잘 돌 수 있는가?

보통 사람은 다섯 번만 돌아도 어지럽다. 그러나 발레리나는 수도 없이 돈다. 발레리나는 스핀 연습을 할 때 자기 눈보다 위에 있는 한 점을 응시하고 돈다고 한다. 피겨스케이팅을 하는 김연아 선수도 빙상위에서 여러 번을 돈다.

어떻게 가능한가?

중심축이 있다. 한 번 돌때마다 돌아오는 중심축(시점)이 있다. 그 중심축 때문에 여러 번 돌아도 아주 멋진 퍼포먼스를 할 수 있다. 그것이 훈련되어 있기 때문이다.

우리에게도 중심축이 있어야 한다. 그래야 혼돈스러울 때 바로 설 수 있다.

그것이 무엇인가?

바로 하나님이 주신 성경 말씀이다.

성경 말씀은 하나님이 자신을 나타내시기 위해 선택하신 포괄적이고 개인적인 방법이다. 성경 없이 사람들은 성육신, 예수 그리스도를 통한 구원의 놀라운 소식, 예수님과 제자들의 소중한 설교와 가르침을 알기는 어려웠을 것이다. 말씀은 하나님과 그의 영으로 말미암아 영감되어지고 씌어졌다.

> 모든 성경은 하나님의 영감으로 된 것으로, 교훈과 책망과 바르게 함과 의로 교육하기에 유익하니(딤후 3:16).

하나님은 말씀을 받는 대상이 이해하기 힘들게 만드시지 않았다. 비록 하나님이 주셨지만, 인간의 언어로 씌어졌다.

예수님도 말씀 사역을 높이 평가하셨다. 프레드 크래독은 "복음서와 사도행전에서 누가는 예수님의 삶과 수난과 열방에게 향한 복음의 전파는 유대 성서와 일치하고 그로 인정받았음을 조심스럽게 지적한다."[10] 예수님은 구약을 자주 인용하셨다. 사탄의 유혹을 이기실 때도 민수기를 3번 인용하시고 승리하셨다.

말씀은 오늘날 사람들에게도 적용된다. 아담은 설교를 통한 적절하고 보존성 있는 하나님의 말씀의 본질에 대해 이야기 하고 있다.

> 설교를 위한 두 번째 위대한 기초는 "씌여졌다"는 것이다. 이것은 역사의 계시를 통해 하나님이 미래 세대를 위해 말씀을 보전하셨다는 믿음이다. 이 근거 위에 우리는 가르치고 설교하는 것이다. 많은 경우 하나님의 말씀은 원 청중을 향한 계시뿐만 아니라 미래 세대를 향한 계시도 의도하셨다.[11]

성경이 다른 종류의 문학과 다른 점은 과거에 적힌 성경 말씀을 통하여 오늘날에도 말씀하신다는 것이다.

> 하나님의 말씀은 살아 있고 활동력이 있으며 어떤 양날 선 검보다도 더 날카로워서, 혼과 영과 관절과 골수를 찔러 쪼개기까지 하며 마음의 생각과 의도를 분별해 낸다(히 4:12).

하나님은 여전히 성경을 통하여 말씀하신다.

(2) 예수 그리스도를 통한 하나님의 성육신

예수 그리스도를 통한 하나님의 성육신은 하나님의 인격과 개인적인 메시지를 가장 잘 나타낸다. 하나님에 대한 계시가 가장 '온전히' 드러난 것은 예수님의 성육신이다.[12] 사도 요한은 예수 그리스도의 이러한 계시적 사역을 증거 했다.

> 말씀이 육신이 되어 우리 가운데 계셔서, 우리가 그분의 영광을 보았는데, 아버지로부터 독생하신 분의 영광이었으며, 은혜와 진리가 충만하였다. 일찍이 아무도 하나님을 보지 못하였으나 아버지의 품속에 계신 독생하신 하나님께서 나타내 보이셨다 (요 1:14, 18).

예수님은 세상이 있기 전에 하나님과 함께 존재하셨고 그를 통해 세상이 만들어졌다. 예수님은 온전한 하나님이시자 온전한 인간이셨다. 그를 통해 인류에게 하나님의 온전하심이 나타났고, 그분 때문에 인류가 하나님의 자녀가 될 수 있었다(요 1:12). 스티븐 스미스(Steven W. Smith)는 말한다.

> 성육신은 완벽한 소통이다. 만약 누군가 소통을 묘사로 정의한다면 성육신이야말로 소통의 최고의 행위라고 말할 수 있겠다. 요한복음 1:18에서 사도 요한은 "일찍이 아무도 하나님

을 보지 못하였으나 아버지의 품에 계신 독생하신 하나님께서 나타내 보이셨다"라고 주목한다. 아버지가 보이지 않는 것은 별로 중요하지 않다. 왜냐하면 그의 아들이 '그를 나타냈기' 때문이다. 그리스도는 아버지를 완벽히 묘사하였고 아버지와 완벽히 소통하셨다. 그렇기 때문에 성육신은 최고의 소통이다. 왜냐하면 하나님이 하나님과 소통하기 때문이다.[13]

예수 그리스도의 성육신이 완벽한 소통이기에, 하나님께서 청중에게 맞추시는 최고의 본보기가 된다. 이것은 청중 맞춤 설교를 위한 전제이기도 하다. 워렌 위어스비(Warren Wiersbe)는 그의 책 『설교의 힘』(*The Dynamics of Preaching*)에서 강하게 주장한다.

> 나는 결론을 내렸다. 성육신이야말로 하나님께서 왜 말씀 선포를 명하셨는지를 설명해 주는 핵심이다. 하나님의 아들이 세상에 오셨을 때 말씀이 육신이 되신 것같이(요 1:14), 하나님의 사람이 하나님의 메시지를 선포할 때 하나님의 말씀이 육신이 되어야 하는 것이다. 하나님의 말씀을 전해야 하는 성직자로 부름 받은 우리에게는 이것이 더 각별히 적용된다. 간단하게 말하자면, 효과적인 설교는 개인적이다. 자신에게 정말 중요한 것에 대하여 다른 사람들에게 이야기하는 것이다.[14]

다시 말하자면, 이러한 개인적인 소통 없이는 설교는 '육신이 된 말씀'이라는 성경적 사명을 수행할 수 없다. 하나님의 놀라운 사랑의 행위, 즉 하나님께서 우리와 같이 되셨던 바로 그것이 청중 맞춤 설교의 신학적인 기반이 된다. 하나님은 우리에게 말씀을 전달하시려고 애쓰셨고 예수 그리스도의 성육신은 그것을 가장 잘 보여주는 위대한 예이다. 하나님께서 인간의 조건으로 다가오신 모습의 절정이다. 히브리서 기자의 말씀이다.

> 옛적에 선지자들을 통하여 여러 번, 여러 모양으로 조상들에게 말씀하신 하나님께서, 이 마지막 날들에 아들을 통하여 우리에게 말씀하셨으니, 하나님께서 그 아들을 만물의 상속자로 세우시고, 또 그분을 통하여 세상을 지으셨다. 그분은 하나님의 영광의 광채이시고 본체의 형상이시다. 또한 자신의 능력의 말씀으로 만물을 붙드시고(히 1:1-3a).

하나님은 인류에게 일반계시와 특별계시로, 특히 그의 말씀과 말씀의 성육신으로 자신을 나타내셨다.

2. 하나님이 설교를 통해 말씀하신다

설교는 신학적 과업이다. 설교의 신학적인 기본 전제는 하나님이 성경에 말씀하시고 오늘날도 그의 종들을 통해 선포되는 설교를 통해서 말씀하고 계신다는 것이다. 피터 아담(Peter Adam)은 설교를 위한 세 가지 신학적 기초들을 논의하는데, 그 중에 첫째는 다음과 같다.

하나님이 말씀하셨다는 믿음이다. 그의 말씀이 계속하여 능력이 있다는 것과 이러한 말씀을 통한 하나님의 역사적 계시가 없이는 말씀 사역이 있을 수 없다는 확신이다. 인간이 하나님을 대신하여 말할 수 있는 근거는 하나님이 말씀하시는 하나님이라는 것이다.[15]

하나님께서 말씀을 통해 자신을 나타내셨다는 것과 하나님이 선포를 통해 말씀하신다는 것이다. 제임스 패커(James I. Packer)는 "성경은 하나님의 설교하심"[16]이라고 말했다. 하나님은 자신을 인류에게 나타내시기 위해 성경 말씀의 선포와 말씀의 성육신으로 표현해야 했다. 다음은 헨리 불링거(Henry Bullinger)의 말이다.

> 하나님의 말씀은 하나님의 설교다. 즉 그의 선한 뜻을 인류에게 나타내시는 것이다. 이것은 태초부터 하나님께서 하나님 자신의 입술이나 천사들의 설교로 고대의 가장 거룩한 교부들에게 보이셨고, 교부들은 그 전통을 후세에게 충실히 전달했다. 그래서 이제 우리가 교부들과 선지자와 사도들로부터 하나님의 말씀이 선포되고 쓰인 대로 받은 것이다.[17]

1) 설교의 정의

설교는 하나님을 대신하여 그의 말씀을 전달하는 것을 포함한다. 구약에서 설교를 나타내는 단어들은 다음과 같다.

코헬렛(*qōhelet*) – '설교자'
바사르(*bāśar*) – '기쁜 소식을 전하다'
카라(*qārā*) – '부르다' 또는 '선포하다'
케리아(*qĕrîā*) – '설교'

신약에서 설교를 나타내는 단어들은 다음과 같다.

유앙겔리조(*euangelizō*) – '기쁜 소식을 알리다'
케뤽스(*kēryx*) – '선구자'
케뤼소(*kēryssō*) – '선구자로 선언하다'
디앙겔로(*diangellō*) – '선언하다' 또는 '널리 발표하다'
카탕겔로(*katangellō*) – '엄숙하게 선언하다'[18]
카탕겔로(*katangellō*) – 디다스코(*didaskō*)와 같은 '가르치다'(행 16:21)[19]
파르헤시아조마이(*Parrhēsiazomai*) – '언행의 담대함'(행 9:27-28)
랄레오(*Laleō*) – '말하다'
플레로오(*plēroō*) – '이루다'
로고스(*logos*) – '말씀 사역'(행 6:2, 4)

바인(Vine)은 로고스(*logos*)가 "증언의 실체, 그 주제에 관하여 하나님께서 알게 하신 모든 것"이라고 말한다.[20]
요약하면, 신구약에서는 설교자를 하나님으로부터 말씀을 받아 대신 선포하는 사람으로 본다.

> 누구든지 말하려거든 하나님 말씀처럼 하고, 누구든지 섬기려
> 거든 하나님께서 공급하시는 힘으로 하는 것같이 하여라
> (벧전 4:11).

그러므로 설교사는 하나님의 변치 않는 메시지를 전달하는 대변인 그 이상 그 이하도 아니다. 제임스 패커는 말한다.

> 크리스천의 설교는 하나님의 대변인을 통해 청중에게 성경에
> 근거해 그리스도와 연관되고 삶에 영향을 주는 가르침과 인도
> 하심의 메시지를 전달하는 사건이다.[21]

2) 성경의 예

성경에는 하나님의 말씀을 선포하는 무수한 하나님의 종들을 보여주고 있다. 노아, 요나, 이사야, 에스겔, 아모스, 세례 요한, 예수님, 베드로, 디모데 등이 있다.[22] 구약의 에녹은 예언을 했고 노아는 '의의 선포자'(벧후 2:5)였다. 아브라함 또한 선지자로 불렸다(창 20:7). 모세와 아론의 입에는 하나님께서 그의 말씀을 넣어 주셨다. 하나님이 모세에게 말씀하셨다.

> 네가 그에게 말하고 그 입에 할 말을 주어라. 내가 너의 입과 그
> 의 입에 함께 하여 너희가 해야 할 것을 가르치겠다. 그가 너를
> 대신하여 백성에게 말할 것이니, 그는 너의 입이 되고 너는 그

에게 하나님같이 될 것이다(출 4:15-16).

하나님이 그의 종을 부르실 때에는 그들의 입에 말씀을 넣어주셨다. 예레미야가 하나님의 선지자로 부르심 받았을 때 하나님께로부터 다음과 같은 말씀을 받았다.

> 여호와의 말씀이 내게 임하셨다. … 그리고 여호와께서 자신의 손을 내밀어 내 입에 대며 말씀하셨다. 보아라, 내가 내 말을 네 입에 두었노라(렘 1:4, 9).

에스겔도 비슷한 방법으로 부르심을 받았다.

> 내가 보니 한 손이 내게 뻗쳤는데, 그 안에 두루마리 책이 있었고, 그분께서 그것을 내 앞에 펴시니, 그 앞면과 뒷면에 글이 쓰여 있었는데, 곧 애가와 탄식과 재앙이 기록되어 있었다. 그분께서 내게 말씀하시기를 '인자야, 네가 발견한 것을 먹어라. 네가 이 두루마리를 먹고 이스라엘 족속에게 가서 말하여라' 하시므로(겔 2:9-3:1).

"여호와의 말씀을 들으라!"
"여호와가 이같이 말씀하셨다."
위와 같은 발언은 예언적 설교의 매 단락에 구두점을 찍는다. 선지자들은 그렇게 말함으로 그들 자신의 직위를 확고하게 하려 하거나 '영감

받은 사람'으로서 신분을 높이려 하지 않았다. 선지자들은 다만 그들의 메시지가 아주 절박하고 중요하다는 것과 그들의 메시지가 하나님으로부터 비롯되었다는 것을 보여줌으로써 메시지를 강조하려고 노력했을 뿐이다.[23] 선지자들의 메시지는 그들의 생각에서 나온 것이 아니라 하나님으로부터 온 것이었다.

신약에서도 하나님의 전달자들의 말씀 선포는 계속되었다. 오히려 설교는 더욱 중요하게 되었다. 설교는 세례 요한, 예수님, 열두 제자와 초대교회 사도들의 주된 사역이었다. 세례 요한은 하나님의 사자로 예수님의 오심을 예비하기 위해 보냄 받았다. 마가는 세례 요한의 설교의 본질을 다음과 같이 소개한다.

> 선지자 이사야의 글에 이와 같이 기록되어 있기를 "보아라, 내가 너보다 앞서 내 사자를 보낸다. 그가 네 길을 예비할 것이다. 광야에서 외치는 자의 소리가 있다. '너희는 주님의 길을 예비하고 그분의 좁은 길들을 곧게 하여라'" 함과 같이, 세례자 요한이 광야에 나타나서 죄 사함을 받게 하는 회개의 세례를 선포하니(막 1:2-4).

위대한 최후의 선지자 세례 요한은 그의 사명에 충실했다. 피터 아담이 말했듯이 요한의 설교 사역은 성경으로 정의되었고, 그의 메시지는 주 예수의 오심을 준비하는 데 초점이 맞추어져 있었다. 그러므로 예수님의 사역의 시작과 함께 세례 요한은 그의 제자들에게 "그분은 흥하여야 하고 나는 쇠하여야 한다"(요 5:35)고 말했다.

예수님은 신이자 하나님의 아들로서, 하늘의 아버지가 말씀하시고자 한 것을 설교하셨다. 예수님의 메시지는 하나님의 메시지였다. 요한복음은 예수님의 설교와 가르치는 사역을 강조한다. 그는 설교가 예수님 사역의 중심이라는 것을 보여주었다. 예수님이 붙잡히시기 전에 제자들에게 주신 마지막 가르침에서 그의 설교 사역에 대해 요약을 하신다.

> 내가 아버지 안에 있고 아버지께서 내 안에 계심을 네가 믿지 않느냐? 내가 너희에게 하는 말들은 내 스스로 하는 것이 아니라 아버지께서 내 안에 계시면서 그분의 일들을 하신다(요 14:10).

> 나를 사랑하지 않는 자는 내 말을 지키지 않는 것이다. 너희가 듣고 있는 말은 내 말이 아니라 나를 보내신 아버지의 말씀이다 (요 14:24).

> 나는 아버지께서 내게 주신 말씀들을 그들에게 주었고 그들은 받았으며, 내가 아버지께로부터 나온 줄을 참으로 알았고, 또 아버지께서 나를 보내신 것을 믿었다(요 17:8).

예수님은 하나님의 말씀을 말하셨고 그 말씀을 제자들에게 설교하라고 주셨다.

> 내 말을 지켰으므로 너희 말도 지킬 것이다(요 15:20b).

즉 예수님은 본인이 보여주신 그대로 제자들이 가르치고 설교하기를 기대하셨다. 예수님은 그의 제자들과 함께 하지 않을 때를 위해 그들을 훈련하셨다.

> 예수께서 열둘을 세우시고 (그들을 또한 사도라고 칭하셨으니) 이는 그들로 자기와 함께 있게 하시고, 또한 그들을 보내어 복음을 선포하게 하시며, 악령들을 쫓아내는 권세를 가지게 하시려는 것이었다(막 3:14-15).

예수님이 하늘로 승천하신 이후에도 하나님의 말씀을 대신 전하는 설교는 계속되었다. 이것은 베드로가 그의 교인들에게 하나님이 주신 말씀대로 설교하라는 가르침에서 볼 수 있다.

> 각자 은사를 받은 대로 하나님의 여러 가지 은혜를 맡은 선한 청지기같이 서로 섬겨라. 누구든지 말하려거든 하나님 말씀처럼 하고, 누구든지 섬기려거든 하나님께서 공급하시는 힘으로 하는 것같이 하여라. 이는 모든 일에 예수 그리스도로 말미암아 하나님께서 영광을 받으시도록 하려는 것이다. 영광과 능력이 영원 무궁히 그분에게 있다(벧전 4:10-11).

설교의 사명은 성도들의 사역으로 계속되어야 했다.

> 그분께서 어떤 이들은 사도로, 어떤 이들은 선지자로, 어떤

이들은 복음 전도자로, 어떤 이들은 목사와 교사로 세우셨다 (엡 4:11).

말씀 사역은 하나님의 목적과 교회의 덕을 위해 은사가 주어진 목사와 교사을 통해 계속되었다. 하나님은 세상 마지막 때에도 그의 비전, 꿈, 그리고 예언을 인간의 통로로 계속 말씀하실 것을 약속하신다.

그 날들에 내가 내 남종들과 여종들에게도 내 영을 부어 줄 것이니, 그들이 예언할 것이다. 또 내가 위로 하늘에서는 놀라운 일들과 아래로 땅에서는 표적들을 나타낼 것이니, 곧 피와 불과 자욱한 연기이다(행 2:18-19).

그러므로 결론은 이것이다.

설교는 하나님이 주신 근원인 성경에 의존할 뿐만 아니라 설교의 가르침과 설명을 통해 사람들을 위로하고 권유하려는 소명에도 달려 있다. 말씀 사역의 기원은 하나님께서 그의 종들에게 그의 말씀을 다른 사람에게 전하기 위해 주셨음에 있다.[24]

3. 설교자가 구체적인 청중에게 설교할 때 하나님이 말씀하신다

설교는 성경에서 발견할 수 있는 신학적 진리가 '구체적인 시기, 상황, 그리고 사람들'에게 전해질 때 살아나게 된다.[25] 그러므로 설교는 하나님의 말씀이 특정한 청중이나 회중에게 적절히 이해되어져야 하는 것이다. 설교는 사람들의 실제 삶과 그들의 실제 감정들을 다룬다. 이 장에서는 구약과 신약에 나타난 청중 맞춤 설교의 여러 예들을 살펴볼 것이다. 특히 '우리의 모델'이 되는[26] 사도들과 초대교회의 설교를 자세히 살펴봄으로써 오늘날 청중 맞춤 설교의 중요성을 증명하고자 한다.

1) 구약 시대의 예

구약 시대에 하나님은 예언자들을 통해서 말씀하셨다. 그들은 이스라엘 백성과 이스라엘을 둘러싸고 있는 나라들에 하나님의 말씀을 예언하는 도구였다. 시드니 그레이다누스(Sidney Greidanus)는 말한다.

> 하나님께서 자신의 말씀을 그들에게 전해 주셨다. 즉 하나님께서는 자신의 말씀을 그들의 입에 두셨던 것이다(렘 1:9). 그분은 "그들의 영으로 하여금 그분 자신의 말씀을 만나도록 하셨다." 그들에게 영감을 주셨다. 그래서 신약성경은 다음과 같이 선언하고 있는 것이다. "예언은 언제나 사람의 뜻을 따라 나온 것이 아니라 오직 성령의 감동하심을 받은 사람들이 하나님께 받아 말한 것이기 때문이다"(벧후 1:21). 이처럼 하나님께서 선지자들

에게 말씀을 주셨기 때문에 그들은 "여호와(主)께서 이렇게 말씀하셨다" 또는 "너희는 여호와(主)의 말씀을 들으라"고 선포할 수 있었다.[27]

리온 우드(Leon Wood)는 "구약 시대의 예언자들은 오늘날 설교자들과 같이 사람들에게 하나님이 기뻐하시는 삶을 살도록 권면하였다"고 말했다.[28] 하나님께서는 그의 예언자를 보내실 때 항상 청중을 염두에 두셨다. 그의 종들에게 어떤 청중에게로 보낼지 말씀해 주셨다.

이사야 61:1은 말한다.

> 주 여호와의 영이 내게 임하셨으니, 이는 여호와께서 내게 기름을 부으시고 가난한 자들에게 아름다운 소식을 전하게 하시려는 것이다(사 61:1).

하나님께서 예레미야에게 말씀하셨다.

> 내가 너를 뱃속에 짓기 전에 너를 알았고, 네가 그 태에서 나오기 전에 너를 구별하여 열방의 선지자로 세웠다(렘 1:5).

아모스는 북이스라엘 왕국에게 하나님의 보내심을 받았다(암 7:15). 그리고 하나님께서는 요나에게 이렇게 말씀하셨다.

> 너는 일어나 저 큰 성읍 니느웨로 가서 그 성읍을 향하여 외쳐

라. 그들의 악행이 내 앞에까지 올라왔기 때문이다(욘 1:2).

하나님께서는 선지자를 보내실 때마다 구체적인 청중을 염두에 두고 계셨다. 또한, 하나님은 구체적인 상황을 두고 말씀하셨다.
빅토르 폴 퍼니쉬(Victor Paul Furnish)에는 다음과 같이 말했다.

> 선지자들은 단순히 하나님의 백성들에게 여호와가 이전에 행하신 일을 기억하라고 한 것이 아니다. 그들은 현재에도 하나님의 말씀에 귀를 기울이기를 부르짖었고, 구체적인 현재의 상황을 향해 말씀을 전했다.[29]

나단 선지자가 다윗 왕에게 "왕이 바로 그 사람입니다"(삼하 12:7)라고 말하면서, 밧세바와의 간음과 그녀의 남편 우리아의 살인죄에 대해 구체적으로 지적하였다. 이사야는 하나님을 믿기보다는 이방 나라들과 연합을 맺는 이스라엘 민족에게 하나님의 말씀을 선포했다.

예레미야의 설교는 포로 된 백성들에게 선포되었다. 그들의 메시지는 그들의 사회와 시대에 적합한 이슈들을 다루었다. 사회적 부정, 거짓된 교만, 위선적인 의로움, 개인적인 부도덕, 하나님의 언약에 대한 부정이 예언적 설교의 격렬한 비난의 대상이다.[30]

그러므로 이 모든 상황에서 하나님의 메시지는 분명한 시기의 구체적인 상황에 직면한 청중을 위한 것이었다. 선지자들은 청중을 고려하여 말했고, 그들과 그들의 상황에 대한 정확한 이해가 있었다. 그래서 청중이 가장 잘 이해할 수 있는 방식으로 메시지를 전할 수 있었다. 하나님께서 구체적인 청중에게 말씀하신다는 것을 구약의 모세, 아모스, 그리고 에스겔을 통해 더 자세히 살펴보고자 한다.

(1) 모세

하나님의 대변인으로 섬기는 선지자들은 총체적으로 그들의 청중을 이해하고 있었다. 그렇기에 그들의 메시지는 효과적이었다. 모세는 성경 최초의 설교자들 중 한 명이었다. 그의 설교는 신명기에 기록되어 있다. 피터 아담은 모세의 설교를 아래의 3가지 특징으로 요약하고 있다.

첫째, 모세의 설교는 하나님이 시내산에서 이스라엘에게 주신 계명을 강해하는 것이므로 하나님의 말씀을 그의 백성에게 설명해 주는 것이다.

둘째, 모세는 계명을 청중들에게 적용시킨다.

셋째, 모세는 그들에게 하나님께 순종할 것을 촉구한다.

그 옛날, 모세가 모범을 보인 설교의 3가지 요소들, 즉 강해, 적용, 그리고 권고는 오늘날의 많은 설교자들이 따르는 방법이기도 하다.[31] 모세는 그의 청중을 완전히 알고 설교하는 설교자였다. 신명기의 역사적 배경은 모세가 이스라엘 백성에게 전하고자 한 메시지의 중요한 부분이다. 하나님이 시내산에서 언약을 맺으시고 계명을 주신 지 40년이 흘렀다.

모세가 이스라엘 백성에게 설교할 그 당시에 그는 죽음을 앞두고 있었고 이스라엘의 새로운 세대가 약속의 땅 가나안으로 들어가기 위해 준비 중이었다. 모세는 그 백성들의 특성을 아주 잘 알고 있었다. 그 백성들은 종종 하나님께 반항을 했었다. 그렇기 때문에 그들은 40년 동안

광야에서 방황했다. 가나안으로 들어가는 그 순간에, 그들은 하나님의 격려의 말씀이 절실히 필요했다.

> 신명기를 구성하는 위대한 설교들에서, 하나님이 모세를 통해 그의 백성들에게 말씀하신다. 그래서 그들 앞에 있는 도전들을 맞이할 준비가 되도록 한다. 'Deuteronomos'라고 불리는 이유는 이것이 하나님이 두 번째로 주시는 계명이기 때문이다. 모세가 하나님의 계명을 백성들 앞에서 다시 한 번 내려놓았을 때, 그들에게 또 다시 기회가 주어지게 된다. 약속의 땅에서 적군을 직면했을 때 충실하지 못함보다는 충성함을, 불순종보다는 순종을 보이게 되는 것이다. 모세는 이스라엘 백성이 삶과 죽음 속에서 하나님의 말씀을 듣기를 원했고, 그에 반응하는 것에 달려 있다는 것을 그들이 알기를 원했다. 이것은 삶과 죽음의 문제이다.[32]

모세의 의도는 처음부터 끝까지 분명하다. 그들이 가나안에서 성공하는 비결은 하나님께 순종하는 데 있다는 것이다. 모세는 첫 설교에서 다음과 같이 말하고 있다.

> 오늘 내가 너에게 명령하는 그분의 규례와 명령들을 지켜라. 그러면 너와 네 자손이 잘 살게 되고, 여호와 네 하나님께서 네게 주시는 땅에서 오래오래 살 것이다(신 4:40).

또한 모세는 세 번째이자 마지막 설교에서 이와 같이 말한다.

> 곧 내가 오늘 네게 명령하여 여호와 네 하나님을 사랑하고 그분의 길로 행하며 그분의 계명들과 규례들도 지키라고 하는 것이니, 그리하면 네가 살고 번성할 것이며 또 여호와 네 하나님께서 네가 가서 차지할 땅에서 네게 복을 주실 것이다(신 30:16).

하나님은 처음부터 끝까지 신명기를 통해 이스라엘 백성이 처한 상황에 꼭 필요한 말씀을 그의 종 모세를 통하여 개인적이며 설교적인 방식으로 말씀하셨다.[33]

(2) 아모스

아모스는 하나님이 그를 선지자로 부르실 당시에 유대인 목동이었다. 하나님은 그를 남이스라엘에서 북이스라엘 귀족들에게 보내셨다. 그들은 전과 비교할 수 없는 번창과 부의 시대, 정치적 그리고 군사적으로 안정된 시대에 살고 있었다.

동시에 그들은 물질주의, 억압, 부도덕과 방탕한 삶에 빠져 있었다(암 2:6-8). 우상 숭배는 만연했고 이스라엘의 종교는 타락했다(암 4:4-5). 종교적 행사는 지켜졌지만 그들의 마음은 하나님으로부터 멀리 떨어져 있었고 하나님은 그들의 의식적인 제물과 노래를 받으실 수 없었다(암 5:21-24). 아모스는 이러한 청중을 대해야 했다. 이 청중은 하나님의 심판과 파멸의 메시지를 들을 준비가 되어 있지 않았다. 이것을 아모스도 알고 있었기에, 그는 처음부터 이스라엘에게 책망의 손가락을 들지 않았다.

청중의 귀를 얻기 위해서 아모스는, 이스라엘을 둘러싸고 있는 이웃 나라들을 향한 심판의 메시지를 선포함으로 이스라엘의 시선을 사로잡았다. 다마스쿠스, 가사, 두로, 에돔, 암몬, 모압, 유다 그리고 마지막으로 이스라엘을 겨냥했다. 설교가 시작되었을 때 이스라엘 백성은 하나님의 심판 대상이 그들이라는 것을 알지 못했을 것이다. 아모스가 그의 설교를 이렇게 구성하지 않았더라면 이스라엘 백성을 향한 하나님의 심판의 메시지는 번성과 평화를 누리고 있는 그들에게는 들리지 않았을 것이다. 아모스의 이러한 간접적인 접근은 그의 청중의 태도에 의해 결정된 것으로 볼 수 있다.

(3) 에스겔

에스겔이라는 제사장-선지자는 민족적 비극과 멸망의 시기에 살았다. 그는 BC 597년경에 느부갓네살 왕에 의해 바벨론으로 보내진 유대인 포로 중 한 명이었다.[34] 그곳에서 그가 30세 되던 해에 레위 제사장직을 시작할 무렵 하나님은 그를 바벨론 포로들의 선지자로 부르셨다. 그 당시 포로들은 충격에 사로잡혀 있었고, 분노와 아픔으로 희망을 상실한 상태였다. 그런 어려운 청중에게 하나님은 그를 보내셨다.

에스겔서의 문학적 구성과 역사적인 상황은 그의 예언적 메시지와 밀접한 관련이 있다. 에스겔서는 세 부분으로 구성되어 있고, 각 부분마다 에스겔이 망명자들에게 베푼 세 단계의 사역과 일치한다.

첫째 부분인 1-24장은 예루살렘의 멸망 이전에 선포된 메시지들을 포함한다. 여기서 에스겔은 우상을 숭배하는 이스라엘에게 하나님의 곧 오실 심판을 경고하며, 각 세대의 죄를 설명하고 마지막으로 듣는 이에게 회개하길 간구한다(겔 2:3-8; 18:20-23, 32). 그러므로 예루살렘 멸망 이전의 메시지는 하나님께서 왜 유다를 심판하고 벌하실 수밖에 없었는지에 대해서 말해 준다. 가까운 미래에 예루살렘으로 돌아갈 것을 소망하고 있는 유대인들에게는 심히 불편한 말씀이었을 것이다.

둘째 부분인 25-32장은 예루살렘이 BC 587년경 멸망할 당시에 전해진 예언들을 포함한다. 에스겔은 이스라엘을 둘러싸고 있는 나라들에게 메시지를 전한다. 암몬, 모압, 에돔, 이집트와 같은 나라들은 예루살렘의 멸망에 적극적 또는 소극적으로 참여했다. 에스겔은 그들에게 그들의 악행 때문에 심판 받을 것을 경고한다. 동시에 이스라엘에게 하나님은 모든 민족에게 의로우시고 공평하시다는 것을 일깨워 준다.

셋째 부분인 33-48장에서는 에스겔이 망명자들에게 격려와 소망을 심어 준다. 새로운 언약의 약속 가운데 하나님이 이스라엘과 유다를 회복시키시고 영원한 메시야 왕이 통치할 것을 약속한다(겔 37:15-28).

모든 것을 잃은 민족으로서 히브리 망명인들은 정치적, 경제적, 그리고 사회적 고난을 당했다. 하지만 가장 큰 어려움은 신학적인 것이었다.

'선택된 민족이 어째서 이방나라에 의해 멸망을 당해야 하는지?'
'하나님이 이스라엘과 함께 하신다는 약속이 아직 타당한지?'

이러한 신학적인 질문들이 그들의 머릿속에 남아 있었다. 하나님은 에스겔의 예언을 통해 이러한 질문들에 대답하셨다.[35]

에스겔은 그 어떤 선지자보다도 많이 하나님의 말씀을 예언적 상징으로 연출했다. 이것은 이스라엘 사람들이 너무나도 하나님의 메시지에 굳어졌기 때문이다. 에스겔의 대담하고 도발적인 언어는 영적인 간음으로 인해 진리에 무뎌진 사람들을 분개하게 하고 설득하기 위해서 계획되었다. 한편 그는 상징적인 무언극을 통해서 하나님의 분노가 유다에 쏟아질 것을 경고했다.[36]

다시 말하면, 에스겔의 메시지와 소통 방식은 청중의 특징과 필요에 따라 설정되었다. 비록 구약의 선지자들이 하나님의 영감으로 예언했지만, 하나님은 그들의 배경과 성격, 사회적 지위를 사용하셔서 그의 말씀을 청중에게 다가가게 하셨다.[37] 선지자들은 백성 가운데 거했고, 그들의 경험을 나누었으며 그들의 영적 상태를 정확히 파악했다.

2) 신약 시대의 예

여기서는 예수님, 베드로, 빌립, 바울, 그리고 요한계시록에 기록된 일곱 교회에게 보내진 말씀을 통해 청중 맞춤을 위한 신학적인 성경 근거를 살펴볼 것이다.

(1) 예수님

예수님의 삶과 사역은 설교 사역, 특히 청중 맞춤 설교가 어떠한 것인지 명확히 보여 주고 있다. 예수님은 그의 청중의 필요를 다루셨다. 영적 양식을 주시기 이전에 그들의 실제적인 필요를 채워 주셨다. 생명의 양식에 대하여 가르치시기 전에 오천 명을 먹이셨다. 자신이 참된 메시야라는 사실을 드러내기 이전에 사마리아 여인이 생각하는 메시아에 대해서 들어주셨다. 또한 "나는 부활이요 생명이니"(요 11:25)라고 선포하시기 이전에 과부의 죽은 아들과 나사로를 다시 살리셨다.

예수님께서는 그들의 수준에 맞게 만나 주시고 그들을 이끌어 주셨다. 그들이 있는 그곳에서 시작하셔서 구체적인 준거 틀을 만드시고, 진리를 위한 영적 배고픔을 불어 넣으셔서 하나님의 말씀으로 채우시고 배부르게 하셨다. 그뿐만 아니라 그분은 그의 청중과 그들의 인격을 존중하셨다.[38]

예수님의 설교와 가르침은 일방적인 선포가 아니었다. 예를 들어, 예수님께서 그의 제자들에게 그의 살을 먹고 피를 마시는 것에 대해 말씀하실 때, 제자들은 용납하지 못하며 불평하였다. 예수님은 제자들을 혼란 속에 두지 않으셨다. 오히려 예수님께서는 "제자들이 이 말씀에 대하여 수군거리는 줄 아시고"(요 6:61) 곧바로 대답해 주셨다. 이러한 예수님의 모습과 같이 우리도 "청중의 반응을 경청하고 지켜보아 그들이 이해할 수 있는 방식들로 성경의 메시지를 충실히 전달해야 한다"[39]고 결론 지을 수 있다.

더 나아가, 예수님은 그 당시의 율법 선생들과는 다르셨다. 예수님은 그 시대 사회적으로 버림받은 사람들과 어울리는 것을 전혀 두려워하지 않으셨다. 그들을 정죄하지 않으셨고 오히려 불쌍히 여기시며 "목자 없는 양과 같이 고생하며 기진한"(마 9:36) 자들에게 말씀을 주셨다.

예수님은 유다와 사마리아와 갈릴리까지 가셔서 구체적인 상황 속에 있는 사람들을 만나시고 만져 주시며 "먹기를 탐하고 포도주를 즐기는 사람이요 세리와 죄인의 친구"(눅 7:34)라고 불리기를 마다하지 않으셨다. 예수님은 그의 청중을 잘 아셨고 일상에서 하나님의 나라를 볼 수 있도록 인도해 주셨다.

주로 예수님은 설교와 가르침을 일상적인 이미지와 비유로 풀어 주셨고 인간의 존재성을 인용하셨기 때문에 그의 청중이 쉽게 알아들을 수 있었다. 산상설교(마 5:1-7:29)는 가장 길고 잘 알려진 설교다. 산상설교의 청중은 "무리들"(마 5:1)이었기 때문에 설교를 듣는 관객의 폭은 넓었다.

예수님은 '어떻게 참 행복을 누릴 수 있나'라는 아주 보편적이면서도 적절한 주제를 고르셨다. 그의 설교는 막연하지 않았다. 살인, 간음, 이혼과 같은 구체적이고 도덕적 이슈들에 대하여 솔직하고 권위 있게 말씀하셨다. 그는 명확한 예화와 능력 있는 예로 원수를 어떻게 사랑하고, 어떻게 나누어 주고, 기도하고 금식해야 하는지 말씀하셨다. 랄프 루이스(Ralph L. Lewis)와 그레그 루이스(Gregg Lewis)는 예수님의 대중 소통 스타일을 아래와 같이 묘사한다.

표 1. 예수님의 대중 소통 방식

예수님의 대중 소통에 대한 접근		
현재형으로	-->	분명히 실현적임
개인주의적	-->	보여줌과 행함으로 설명
내부적 사실을 강조	-->	현재 감정에 의존
본인의 경험에 의존	-->	매우 개인적임
믿는 관계를 보여주심	-->	사랑에 대한 존중을 보여주심
결론 이전에 증거를 보이심	-->	유연성을 보이심
관계를 강조하심	-->	그의 행함을 통해 그의 말씀을 강조하심

자료: Ralph L. Lewis and Gregg Lewis, *Inductive preaching: Helping people listen* (Wheaton: Crossway, 1983), 77.

청중들은 예수님의 장편 설교를 지루해 하거나 의아해 하지 않았다. 그들의 반응은 다음의 말씀과 같았다.

> 예수께서 이 말씀을 마치시자, 무리들이 그분의 가르치심에 놀랐으니, 그분의 가르치심이 권위 있는 분답고 서기관들과 같지 않으셨기 때문이다(마 7:28-29).

랄프 루이스와 그레그 루이스는 예수님께서 그의 청중들의 강한 필요를 살피셨고 그의 설교를 개인의 필요에 맞추시기 위해 노력하셨다고 말한다. 어린아이도 이해할 수 있는 물건과 이미지를 사용하셨고, 대화식 질문을 19차례나 하셨으며, '너' 또는 '너희들'이라는 단어들이 221번씩이나 인용되었다.[40]

예수님은 일상생활의 물건들과 관심사를 사용하셨다. 등불과 바구니, 포도주와 가죽부대, 잃어버린 양, 동전, 아들 등을 사용하셨다.[41] 예수님은 청중의 일상생활에 대해 말씀하셨기 때문에 그가 말씀하시는 곳에는 어디든지 큰 무리가 따랐다.

> 예수님은 여러 장소에서 여러 사이즈의 청중에게 설교하셨다. 때로는 소그룹에게 말씀하셨고, 다른 때는 어마어마한 무리에게 하셨다. 때로 그는 성경을 회중 예배 때 해석하셨고, 다른 때는 들이나 바닷가에서 설교하셨다. 예수님의 설교는 권위가 있었고 하나님, 자기 자신, 본인의 미션과 메시지에 대한 고요한 신뢰감이 특징이었다. 때로 그는 심판을 부르짖었고 다른 때는

다정한 초청을 발표하셨다. 그는 설교에 비유, 격언, 논법, 그리고 성경적 강해를 사용하셨다.⁴²

예수님이 승천하신 후 그의 제자들은 이 유산을 이어갔다. 예수님의 생애와 사역을 담고 있는 사복음서는 각각 다른 청중들을 위한 저자의 의도를 잘 나타내고 있다. 각 복음서는 구체적인 청중들을 생각하며 쓰였다. 마태는 헬라어를 쓰는 유대 크리스천들을 위해서 복음을 기록했고, 마가는 로마교회 안에 있는 이방 크리스천들을 위해, 누가는 데오빌로 각하를 위해, 그리고 요한은 주로 이방 신도들과 진리를 찾는 불신앙자들을 위해 기록했다.

신약의 설교는 다음과 같이 묘사할 수 있다.
"세례 요한의 설교는 전환적이고, 예수님의 설교는 유일했고, 사도들과 초대교회의 설교는 우리의 모델이 된다."⁴³

여기서는 세 명의 대표적인 사도들의 설교를 살펴보며 청중 맞춤 설교를 추가적으로 증명하고자 한다.

(2) 베드로

① 베드로는 하나님을 경외하는 유대인들에게 설교하였다

사도행전 2장은 예수님의 제자들이 한 설교의 흥미진진한 사건의 기록이다. 예수님이 승천하신 후 제자들은 예수님이 가르쳐 주신대로 성령님을 기다리며 모여서 기도하고 있었다. 오순절 날 성령님이 임하셨을 때다.

> 그들이 모두 성령으로 충만해졌고, 성령께서 그들에게 말하게
> 하시는 대로 다른 방언들로 말하기 시작하였다(행 2:4).

이것은 예루살렘의 유월절을 위해 각 민족으로부터 모인 하나님을 경외하는 유대인들을 의아하게 만들었다. 베드로의 설교가 그의 청중의 의아함과 궁금증을 풀어 줄 의도가 있었다는 것은 주목할 만하다. 여러 제자들이 방언으로 말하는 소리를 들은 청중은 정말 놀라워하며 물었다.

> 그들이 놀라 신기하게 여기며 말하였다. 보아라, 말하고 있는
> 이 사람들은 모두 갈릴리 사람들이 아니냐. 그런데 우리 자신이
> 각각 태어난 곳의 말로 듣고 있으니 어찌된 일인가 … 우리는
> 저들이 하나님의 큰일들을 우리 자신들의 말로 말하는 것을 듣
> 고 있다. 그들 모두가 놀라 어리둥절하여 서로에게 말하기를 이
> 것이 도대체 어찌된 일인가 하였고(행 2:7-12).

베드로의 설교는 그들의 질문에 즉각 응답하며 시작한다. 베드로는 그들의 생각을 파악했고 인용했다. 베드로는 청중의 궁금증을 해소해 주면서 그들의 주목을 끌었다. 논리적으로 무리가 말했던 이유들을 해명하면서 설교의 방해물들을 먼저 없앴다(행 2:13). 제자들이 "새 술에 취하였다"는 것은 "지금은 오전 아홉시이기 때문에"(행 2:15), 그리고 유월절 기간에는 일반적으로 오전 10시까지 금식했기 때문에 불가능했다. 그러므로 그는 청중의 잘못된 인식을 없앴다. 그리고 베드로는

구약의 요엘 선지자의 말을 인용한다. 그의 청중이 잘 알고 있는 예언이었기 때문이다.[44]

칼빈은 베드로가 '마지막 날들에'라는 단어를 사용한 것은 그의 청중이 알고 이해하는 것을 알고 있었기 때문이라고 말한다. 그는 베드로가 전한 메시지가 요엘의 것과 본질적으로 같지만 "마지막 때"라는 단어가 포함된 목적은 유대인들에게 그 당시의 교회가 회복될 수 있는 길은 하나님의 성령으로만 가능하다는 것을 설명하기 위해서라고 말한다. 또한 유대인들은 축복된 교회의 약속이 그리스도의 회복시키시는 사역만으로 가능하다는 것을 알고 있었다.[45]

사실상 베드로는 그의 청중이 예수님을 알고 있는 것을 인식하고 있었다. 예언에 대한 설명을 사도행전 2:22에서 시작하면서 예수님에 대한 그들의 지식에 호소한다.

> 이스라엘 사람들아, 이 말을 들어라. 너희가 아는 바와 같이 나사렛 사람 예수님은 하나님께서 그분을 통하여 너희 가운데서 행하신 기적들과 놀라운 일들과 표적들로 너희에게 확증하신 분이다(행 2:22).

청중이 알고 있는 것에 최대한 호소하면서 그들이 그리스도의 메시지를 거부할 수 없도록 한다.

베드로는 그의 청중의 호기심과 성경, 그리고 그리스도에 대한 지식에 호소함으로 그들을 능수능란하게 사로잡았다. 그의 설교는 "유대 사람들과 예루살렘에 사는 모든 이들"(행 2:14)이라는 구체적인 청중에게 선포되었다. 설교의 대상은 유대인들, 이스라엘 사람들, 그리고 그의 형제들이었다(행 2:22, 29). 베드로는 그의 청중이 하나님이 선지자들을 통해서 약속하신 메시야의 구속을 간절히 기다리고 갈망하고 있다는 것을 알고 있었다. "천하 각국에서"(행 2:5) 모인 유대인 무리에게 베드로가 할 말은 오직 한 가지였다. 그들이 못 박은 예수가 바로 약속된 메시아라는 것이다.

베드로는 확신과 열정으로 두려움과 부끄러움 없이 모두가 알아듣는 언어로 설교했다. 그의 청중 맞춤 설교는 청중의 심중에 박혔다. 그 결과로 그 날 3,000여 명의 사람들이 세례를 받고 구원을 얻었다(행 2:41).

② 베드로가 하나님을 경외하는 이방인들에게 설교하였다

사도행전 10:34-48은 베드로의 또 다른 설교를 기록한다. 독실한 로마 백부장인 고넬료에게 보내지기 전, 하나님은 환상으로 베드로에게 말씀하셨다. 유대인인 베드로는 이방인들을 부정하게 여겼고, 하나님의 구속 계획이 온 민족을 향한 것임을 온전히 이해하지 못했다. 그러나 성령의 이끄심에 순종한 베드로는 앞에서와는 달리 이방인 청중들 앞에 서게 된다. 앞선 유대인 청중은 설교자에게 의아함과 경멸의 반응을 보였지만 이방인 청중은 옥토와 같은 마음을 가지고 있었다.

> 베드로가 들어갈 때에 그를 맞이하여 발 앞에 엎드려 절하였다 (행 10:25).

이보다 준비된 청중은 없었고 베드로는 이 기회를 그의 설교를 위해 최대한 붙잡았다.⁴⁶ 그들은 유대인들이 부정하다고 여기는 이방인이었지만 복음에 갈급했다. 그들 가운데 섰을 때 베드로는 그들에게 먼저 질문했다.

> 그러므로 내가 부름을 받았을 때에 거절하지 않고 왔으니, 무슨 일로 나를 불렀는지 묻고 싶다(행 10:29).

여기서 베드로는 청중의 필요를 아는 것의 중요성을 보여준다. 베드로는 그의 청중의 상황이 어떤 것들을 일반적으로 추정해도 되는지, 무엇을 먼저 이야기해야 할지, 그리고 그들에게 어떻게 호소해야 할지를 결정한다는 것을 알고 있었다.⁴⁷ 그의 설교에서 "너희도 알 것"이라고 말하는 것도 그 이방인들이 복음에 대해 어느 정도 알고 있었을 것이라고 추정했음을 보여 준다(행 10:28, 36-37).

또한 베드로는 그의 이방인 청중이 이방인들과 가까이 하면 불결해진다는 유대인 관습에 대해서 알고 있다는 것을 알았다. 그래서 그의 첫 마디는 다음과 같았다.

> 참으로 내가 깨달은 것은 하나님께서 사람을 외모로 취하지 않으시고, 모든 민족 가운데 그분을 경외하고 의를 행하는 자를 받아들이신다는 것이다(행 10:34-35).

베드로는 위와 같이 말함으로 그의 설교에 영향을 줄 수도 있는 큰 문화적 장애물을 먼저 제거했다. 베드로가 설교 중 여러 번 이방인 청중이 알고 있는 것에 호소하는 것은 그가 청중에 대해 어느 정도 이해하고 있었다는 것을 나타낸다.

그의 메시지의 핵심은 유대인들에게 전한 메시지와 같았지만[48] 다음과 같은 점을 강조했다.

> 하나님께서 이스라엘 자손들에게 예수 그리스도를 통하여 평화의 복음을 전하는 말씀을 보내셨으니, 이분이 만유의 주님이시다. … 모든 선지자들도 그분에 대해 증언하기를, 그분을 믿는 모든 이가 그분의 이름을 통해 죄 용서를 받는다고 하였다 (행 10:36, 43).

베드로는 구약의 예언들을 인용하지 않았다. 그는 전반적으로 예수님과 그의 사역 당시에 잘 알려진 사실을 통해서 복음을 설명했다.[49] 이방인들을 향한 베드로의 메시지에 대해 하워드 마샬(Howard Marshall)은 이렇게 말한다.

> 그의 청중이 복음을 듣기로 되어있음을 확인한 뒤, 베드로는 이어서 복음을 선포했다. 그 다음의 설교는 사도행전의 설교들 중에서 유일하다. 왜냐하면 예수님의 이야기를 유대 지도자들의 배제와 십자가에 죽으심으로 시작하는 것이 아니라 예수님의 사역에도 주목하기 때문이다. 이러한 이유는, 베드로가 앞서 만났던 예루살렘의 청중들과 달리, 예수님이 누구신지 잘 모른다고 가정할 수 있는 이방 사람들을 위한 설교에서는 이러한

요소를 포함하는 것이 합당하다고 생각했을 수 있다.[50]

베드로의 설교의 틀이 이전의 설교와 다른 것은 그가 청중 맞춤을 했기 때문이다. 그 결과는 놀라울 정도였다. 존 스토트(John Stott)는 이렇게 요약하고 있다.

> 그러므로 다른 사도들의 설교들처럼 역사, 신학과 복음이 다시 결합되었다. 고넬료와 그의 가족, 친척, 친구들과 하인들이 경청하는 가운데 그들의 마음이 베드로의 메시지를 이해하고 믿도록 열리게 되었고, 회개하며 예수님을 믿게 되었다.[51]

그의 설교가 채 끝나기도 전에 성령이 말씀을 듣는 모든 사람에게 임하셨다. 오순절 제자들에게 내려오셨던 동일한 성령이 이방인들에게 임하셔서 그들로 하여금 방언과 찬양을 하게 하셨다. 그곳에 모인 모두는 세례를 받고 하나님의 가족이 되었다.

베드로의 설교들은 성령님의 역사로 시작과 마무리가 되었다는 사실을 주목해야 한다. 그의 설교 사역은 오순절 성령님의 충만하심으로 인해 전개되었다. 유대인 무리에게 설교를 하는 동안 베드로가 성령을 네 번이나 언급한 것도 그리스도의 구속사역에 있어 성령님의 주된 활동을 보여주는 것이다(행 2:17-18, 33, 38). 그는 설교의 결론 부분에서 그의 청중에게 성령을 선물로 받을 것을 간청한다. 고넬료와 그의 친가에게도 설교를 하는 가운데 성령님이 임하셨다. 이방인들을 구원으로 인도하신 분은 바로 성령님이셨다.

(3) 빌립

빌립은 사도들을 보필하며 헬라인 과부들을 보살피는 사역을 위해 선택된 일곱 명의 성령 충만한 사람들 중 한 명으로 소개되었다(행 6:1-6). 그는 또한 스데반의 순교와 함께 시작된 큰 핍박으로 인해 흩어진 "사람들에게 그리스도를 선포한"(행 8:5) 사람들 가운데 한명이었다. 비교의 목적을 위해 사도행전 8장에 있는 빌립의 설교 두 편을 살펴보겠다.

① 빌립이 사마리아에서 설교하다

큰 핍박이 일어났을 때 빌립은 사마리아로 내려가서 복음을 전했다. 누가는 아래와 같이 기록한다.

> 무리들은 빌립이 말하는 것들을 듣고 그가 행하는 표적들을 보면서 한마음으로 그의 말에 귀를 기울였다(행 8:6).

성경에서 확실하게 언급되고 있지는 않지만 추정해 볼 수 있다.

> 미래의 구속자('타헵' 또는 '회복자'로 알려진)의 오심을 기대하는 것은 사마리아 신학의 견고한 일부분(요 4:25)이었기 때문에 메시야에 대한 그의 설교는 분명히 그의 청중의 관심만을 끌었을 것이다. 이 기대는 신명기 18:15에 바탕을 둔 것이었고, 그 기대의 대상은 통치자보다는 선생이나 율법을 주는 자의 특성이 더 컸다.[52]

빌립이 그의 청중의 관심을 살 수 있었던 이유는 그가 청중의 신앙을 잘 알고 있었고 그들의 상황에 맞추어 말했기 때문이다. 효과적인 복음 선포와 기적적인 표적의 결과로 "그 성읍에 큰 기쁨이"(행 8:8) 있었다.

② 빌립과 에티오피아 내시

사도행전 8:26-40에 나오는 빌립의 두 번째 설교에서 청중은 한 명뿐이었다. 하지만 하나님의 개입하심은 처음부터 끝까지 잘 나타나고 있다. 이 본문은 설교라기보다는 복음적 전도 대화에 가깝다. 이 본문에서는 빌립이 말씀을 전하는 데에 있어 청중 맞춤 방법을 사용하고 있는 것을 볼 수 있다. 빌립에게 한 천사가 나타나 사막길로 가라고 명한다. 빌립은 순종하고 그 길에서 에티오피아 내시를 만난다. 그 에티오피아 내시는 이사야 선지서를 읽고 있었으며 성령님은 빌립에게 그가 타고 있는 마차로 다가가라고 말씀한다. 빌립이 선지자 이사야의 글을 읽는 그에게 달려가서 말했다.

> 지금 읽는 것을 이해하느냐?(행 8:30)

빌립의 질문은 권위적이지 않았다. 그의 간단한 질문은 내시의 영적인 상태에 대한 관심을 보여준다. 그 질문에 응하여 내시는 빌립을 마차 위로 초청한다. 빌립은 사마리아에서는 전도사로서, 에티오피아인에게는 선생과 인도자로 청중에게 다가갔다. 하워드 마샬은 빌립이 청중의 필요를 파악하는 능력에 주목한다.

빌립과 에티오피아 내시와의 만남은 하나님이 예비하셨다. 빌립의 관행은 하나님의 인도하심에 순종하고, 우리의 청중에게 귀 기울이고, 그들이 있는 곳에서 시작하며, 본문이 말씀하도록 하는 것, 하지만 또한 청중을 '인도하며' 그들이 본문에서 요구되는 그 다음의 순종의 단계를 밟을 수 있도록 충분한 정보를 주는 것의 중요성을 강조한다. 하나님은 그의 성령과 말씀을 주셨을 뿐만 아니라 그 말씀의 선생도 주셔서 그들이 성령으로 말미암아 진리로 사람들을 인도하도록 한다.[53]

존 스토트는 빌립의 사마리아인들과 에티오피아 내시와의 만남에 대해, 특히 빌립의 방법과 메시지가 청중과 어떻게 관련이 있는지에 대해서 아주 잘 요약하고 있다.

빌립이 복음을 전했던 사람들은 인종, 지위와 종교가 달랐다. 사마리아인은 혼혈인이었다. 반은 유대인이고 반은 이방인이었고 아시아적이었다. 에티오피아인은 흑인 아프리칸이었고, 아마도 유대인이거나 개종자였다. 지위적으로 사마리안인들은 일반 시민들이었고, 에티오피아인은 왕족을 섬기는 기품 있는 공무원이었다. 사마리아인은 변덕스럽고 쉽게 속는 반면에 에티오피아인은 진리를 찾으려는 사려 깊은 사람들이었다. 그들의 인종적인 기원, 사회 계급, 종교적 상태의 성향이 달랐음에도 불구하고, 빌립은 이 둘 모두에게 예수님의 복음을 전했다. 다음의 빌립의 방법을 고찰해 보자. 사마리아인에게 그의 미션은 '대중 전도'의 초기의 예였다. '무리'들이 그의 메시지를 들었고, 그의 행적을 보았고, 그에게 관심을 기울였으며, 믿고 세례를 받았다(행 8:12). 그러나 에티오피아인과의 대화는 '개인전도'의 뚜렷한 예였다. 동일한 전도자가 두 가지 방법 즉 공개 선포와 개인 증언을 사용할 만큼 적용력이 있었다는 것은 주목할 만하다. 하지만 그는 방법은 바꿀 수 있었으나 기본 메시지는 바꾸지 않았다. 이 변화(문맥과 방법에 관련해서)와 일정함(복음 자체와 관련해서)의 조합은 그 두 가지를 분별할 수 있는 능력과 함께 교회를 위한 빌립의 지속적인 유산 중 하나이다.[54]

이렇게 빌립은 청중의 특징과 필요에 민감하면서도 복음의 진리에 충실하고자 하는 설교자들의 롤 모델이 된다. 빌립과 에티오피아 내시와의 만남이 일반적인 설교 상황은 아니지만, 복음의 진리를 변질시키지 않으면서도 청중의 특징에 맞게 하나님의 말씀을 전달하는 것의 중요성을 일깨워 주고 있다.

⑷ 바울
사도들 중에 청중 맞춤 설교의 가장 좋은 예는 바울이다. 바울은 청중을 알았다. 안디옥에서나 공회 앞에서 그는 당파들을 인식하고 있었다. 아그립바의 사람됨을 재어 본 후 그에게 최대의 관심을 두었다. 바울은 아덴 사람들이 노리는 목표에 그 사람 자신들을 놓고 그들의 관심을 모았다. 바울의 설교는 청중을 보다 더 잘 분석할 필요가 있음을 강조한다.

"화목의 직분"(고후 5:18)으로 부름 받은 바울은 문화적이며 지리적이고 언어적인 장애물들을 초월했다. 그는 핍박, 감옥, 그리고 심지어 죽음까지도 복음을 위해서는 두려워하지 않았다. 그가 복음을 위해 쏟은 헌신은 고린도에 보낸 편지에 분명히 나타난다.

> 내가 모든 이들로부터 자유로우면서도 스스로 모든 이들에게 종이 된 것은 더 많은 이들을 얻으려는 것이다. 유대인들에게 내가 유대인같이 된 것은 유대인을 얻으려는 것이고, 율법 아래 있는 자들에게 나 자신이 율법 아래 있지 아니하면서도 율법 아래 있는 자같이 된 것은 율법 아래 있는 자들을 얻으려는 것이다. 율법 없는 자들에게 내가 하나님의 율법 없는 자가 아니라, 오히려 그리스도의 율법 아래 있는 자이면서도 율법 없는 자같이 된 것은 율법 없는 자들을 얻으려는 것이었다. 약한 자들에게 내가 약한 자같이 된 것은 약한 자들을 얻으려는 것이다. 모든 이들에게 내가 모든 모습이 된 것은 어떻게 해서든지 몇몇 사람이라도 구원하려는 것이다. 내가 복음을 위하여 모든 일을 행하는 것은 내가 복음에 참여하려는 것이다(고전 9:19-23).

위의 진술은 바울의 사고 방식과 복음을 전하는 방법을 정확하게 보여준다. 바울은 자신과 청중 사이에 있는 차이점들이 낯설지 않도록 노력했다. 그의 효과적인 복음 전파 방식은 모든 이에게 모든 것이 되어 주되 메시지의 내용은 희석시키지 않는 것이었다. 바울의 청중 맞춤의 첫 단계는 자신을 청중과 가능한 같아짐으로 그들을 이해하는 것이었다. 고든 피(Gordon Fee)는 이 점에 대해 다음과 같이 말한다.

> 이 본문은 전도의 '맞춤,' 그러니까 말씀을 듣는 사람들의 언어와 관점에 맞춘다는 개념을 증명하기 위해 자주 사용되어졌다. 유감스럽게도 그것에 대한 토론은 계속되어야 할 필요가 있지만, 이 본문은 그것에 대해 직접적으로 말하고 있지 않다. 본문은 복음을 전파하고자 하는 사람들 가운데 어떻게 살아가고 행동해야 하는지를 다루고 있다. 강조해야 할 점은 보른캄(Bornkamm)이 표현했던 것이다. "바울은 복음을 그의 청중의 특정한 특성에 따라 수정할 수 없었다. 변함없는 복음이야말로 그가 자유롭게 입장을 바꿀 수 있도록 하는 힘이라는 것을 명확하게 보여주는 것이 바울의 전적인 관심사이다."[55]

사도 바울의 위대함은 설교를 청중의 문화와 영성에 고려했을 뿐만 아니라 삶의 방식에 대한 자유를 기꺼이 포기하였고 개인적인 특권과 사회적 위치, 그리고 종교적 권리까지도 내려놓은 것이다.

바울 설교의 본질은 극히 복음주의적인 반면에 그의 방법론은 현대의 일반적인 설교에도 적용할 수 있다는 것이다. 바울의 설교를 비교하기 위해 각각 다른 청중에게 전했던 사도행전 13:14-43과 사도행전 17:16-34의 설교 두 편을 살펴보자.

① 바울과 유대인 청중

사도행전 13장에서 바울은 안디옥의 회당에서 메시지를 전하도록 부탁 받는다. 청중은 이스라엘 사람들과 하나님을 경배하는 이방인들이다(행 13:16, 26). 이 청중은 구약에 능통했으므로 바울은 성경을 자유롭게 인용하고(시 2:7; 16:10; 사 55:3; 합 1:5), 이스라엘의 역사를 설교의 배경으로 삼았다. 베드로가 유대인 무리에게 전한 것과 비슷하게 바울도 예수님이 구약의 메시야에 대한 기대의 실현이라는 것에 주목한다. 그리고 베드로가 지적한 것과 같이 예수님을 못 박은 것은 유대인들이라고 지적한다(행 13:27). 그들을 "형제"라고 부르며 그들과 하나 됨을 시인했다(행 13:16, 26, 38).

이것은 유대인에 의한, 유대인 청중을 위한 유대인 설교였다. 바울은 베드로처럼 회개와 세례를 위한 전도 초청을 하지 않았지만 예수를 믿지 않는 것에 대한 경고로 메시지를 마무리한다. 이것은 청중을 더 갈급하게 만들었다. 그리고 바울과 바나바를 다시 초청하여 그리스도의 복음에 대해 듣기로 한다. 어쩌면 바울은 이 유대인 청중들이 이방인들만큼 복음에 열려 있지 않았다는 것을 알고 있었을지도 모른다. 유대인들은 바울의 메시지를 부인하였으나, 다음 안식일에는 "거의 온 성읍이 주님의 말씀을 들으려고"(행 13:44) 모였다. 그 결과로 복음을 들은 이방인들은 "듣고 기뻐하여 주님의 말씀을 찬양하였고, 영생을 얻도록 작정된 자들은 다 믿었다"(행 13:48).

② 바울과 이방인 청중

사도행전 17:22-31은 바울의 또 다른 설교를 기록하고 있다. 바울은 이전의 유대인 청중과는 다른 이교도들을 접했다. 그들은 최신 이론을 토론하며 시간을 보내는 지적인 이교도들이었다(행 17:21). 유대인들의 회중 대신 바울도 아레오바고의 집회에서 말할 것을 부탁 받았다. 그곳에는 주로 박식한 학자와 철학자들인 이방 아테네의 사람들이 모였다. 바울은 이미 그들의 영적인 상태를 파악하고 있었다(행 17:17).

바울은 그의 설교를 그들이 이해할 수 있는 범위 내에서 말하고 있다. 바울은 그들에게 이스라엘의 역사를 통한 하나님의 사역이나 예수의 이름을 한 번도 거론하지 않았다. 반면 바울은 그의 청중 분석의 결과로 설교를 시작한다(행 17:22). 그의 청중인 아테네 사람들은 매우 종교적이었다. 바울은 그들이 섬기는 '알지 못하는 신'은 손으로 지은 전에 살지 않고 인간이 만들 수 있는 그 무엇보다도 위대하다고 말한다. 그들의 문화와 그들이 익숙한 개념으로 다가갔다.

바울은 28절에서 그의 청중에게 잘 알려진 시인들을 인용하며 그들의 문화에 맞춘다. "그분께서는 모든 이들에게 생명과 호흡과 모든 것을 친히 주신다"라는 표현은 에피메니데스라는 크레타 섬의 시인이 한 말이었고, "우리도 그분의 자손이다"라는 표현은 아라토스라는 실리시아 시인의 말이었다. 바울은 그들의 말을 인용하여 그 시인들의 종교적 철학이 아테네 시인들의 우상 숭배와 완전히 상충된 것임을 보여 주었다. 바울의 전략은 '그리스인에게는 그리스인으로'라는 방법이었다.[56] 바울은 유대인이었지만 그리스 문화와 문학에 통달했다. 그들의 상황을 알았고, 이것은 이방인들의 전도자로서 큰 효과를 가져왔다.

> 바울은 그의 청중에 대해 몹시 민감했다. 바울은 그들이 무엇을 이해하는지 알고 있었고, 그의 설교는 청중에 대한 이해로부터 시작된 것이었다. 바울의 그의 청중에 대한 관점은 깊었다. 유

대인들에게 설교할 때는 유대인으로서 설교했고, 그리스인 철학자들에게 설교할 때는 철학적으로 설교했다. 앞서 언급한바와 같이, "바울 스스로 모든 사람에게 모든 것이 되었다"라는 진술이 이것을 명백하게 보여준다.57

바울의 청중 맞춤 설교의 결과는 많은 사람들이 그리스도를 영접했던 그 이전의 사례들과는 달랐다. 바울은 수적으로 많은 사람을 인도하지 못했다. 하지만 이것을 실패로 단정 짓는 것은 잘못된 것이다. 바울의 설교는 효과적이었으나 청중이 받아들이지 못한 것이다.58 몇 명이 구원을 얻었냐가 설교의 효과와 성령의 역사를 결정하는 것이 아니다. "개종자의 숫자로 메시지의 정확함을 합리화하는 작업은 가장 위태롭다."59

스데반이 성령 충만하여 산헤드린 앞에서 설교했을 때의 결과는 돌로 쳐 죽임을 당하는 것이었다. 그리고 바울은 그들 중의 한 사람이었다. 바울은 그 당시에는 스데반의 죽음에 동의했지만 곧 개종하였다. 스데반의 설교는 바울에게 즉각적인 영향이 없었지만 바울의 개종에 어느 정도 영향력을 미쳤을 것이다.60 아레오바고에서 한 바울의 설교 결과 또한 디오니시어스를 포함한 몇 명이 전부였다. 이후에 디오니시어스는 아테네의 주교가 되었다.61

도날드 스누키안(Donald R. Sunukjian)은 사도행전 13, 17, 20장에서 사도 바울의 메시지를 연구하고 결론을 내린다.

[바울]이 내린 모든 선택은 그의 청중의 특성에 좌우되었고, 그

는 모든 방면으로 청중의 필요를 채우기 위해 설교했다.⁶²

이것은 그레그 샤프(Greg Scharf)의 결론이기도 하다.

> 바울의 말씀 사역의 전략은 하나님이 말씀하신 모든 것에 성실함으로 하나님이 이끄신 모든 청중에게 온전한 메시지를 전하는 의무를 중요하게 여긴 것이었다.⁶³

따라서 그는 청중 해석과 맞춤의 대가였고 복음의 효과적인 전달자였다. 바울의 지식은 아무리 자랑해도 부족함이 없을 것이다.

하지만 바울은 변화하고 있는 그 시대의 청중에게 맞추기 위해 그의 지식을 접고 청중이 읽었던 문학과 그들이 이해하고 있는 개념을 사용하여 설교했다. 바울은 '몇몇 사람을 구원하기 위하여 여러 사람에게 여러 모양'이 되고자 했다. 그는 철저한 청중 분석을 하여 청중 맞춤 설교를 했던 것이다.

사도행전에 나온 사도들의 설교 본질에 대해서 다음과 같은 중요한 관찰을 할 수 있다.

> 그들의 청중은 독실한 유대인들, 하나님을 경외하는 자들, 다른 종교인들, 혹은 비교적으로 세속적인 통치자들이었다. 그들은 사도들과 같은 시기의 사람들이었을 뿐만 아니라, 예수님 시대에 가깝기도 했고, 그가 살았던 로마 왕국 속에 살기도 했다. 이것은 사도행전에 반영되는 문화적인 차이에도 불구하고 설

교자와 청중이 적어도 어느 정도로는 세계관과 해석적이며 수사학적인 가정들을 공유했을 것이라는 점에서 중요하다. 이러한 배경에서 청중은 설교자들을 이해할 수도 있었다.

하지만 복음에 대한 수용성은 설교자들과 청중들의 문화적인 배경의 유사성이나 결핍에 의해서 좌우되는 것이 아니다. 바울은 자신이 성경적 메시지를 선포함으로써 이방인들의 눈을 열어야 하는 사명이 있다는 것을 알았다(행 26:16-23).

하지만 루디아의 경우와 같이 청중 개개인의 마음을 열어야 메시지에 주의를 기울이게 할 수 있었다(행 16:11-14). 그런 영적 진리 때문에 사도들은 청중에게 설교하기 전 그들에게 귀를 기울이는 것을 멀리하지 않았다.

사도행전의 설교들은 모두 부활하신 예수를 그리스도라고 증언하지만, 각각의 청중에게 적절한 다양한 방법을 통해서 메시지를 선포하고 있다. 사도들은 그들의 청중에게 귀를 기울였고 그들의 상황에 예민했다. 우리의 접근도 이와 같아야 한다.[64]

그러므로 베드로, 빌립, 그리고 바울과 같은 사도들의 본보기를 통해 구체적인 청중의 필요와 특징에 따라 설교를 전하는 것이 말씀 사역에 있어 매우 중요하다고 할 수 있다.

(5) 요한계시록의 일곱 교회들을 향한 서신

요한계시록 2-3장에서 하나님은 소아시아의 일곱 교회에게 메시지를 준다. 하나님께서는 각 교회 특유의 영적 상태에 따라 구체적인 경고를 주셨다. 일곱 편지들은 교회의 특성뿐만 아니라 아시아 지방에 대한 암시도 포함하고 있다.[65] 이 서신들에 나타난 강한 아시아적 배경을 통해서 알 수 있는 것은 요한계시록의 저자인 요한이 그 도시들을 잘 알고 있었을 것이라는 점이다.[66] 다음은 서신들의 기본 구조이다.

① 식사와 인사
② 그라폰(graphon): '써라'의 명령문
③ 메시지 공식
④ 칭찬 또는 책망의 진술
⑤ 결론[67]

각 서신의 구성은 일반적으로 같지만 그들에게 선포되는 메시지는 다르다. 한 가지 확실한 것은 "요한이 각 회중에 대한 친밀한 목회적 지식이 있었음은 분명하며 각 장소의 실제적 상황을 다루고 있었다"[68]는 점이다. 더 나아가 각 교회는 그 교회가 있는 도시의 역사를 통해 언급되어졌다고 말할 수 있다. 그리고 이 서신들보다 더 창조적이고 수사적으로 더 영향력 있는 서신을 상상하기 어렵다.[69]

"… 분께서 이와 같이 말씀하신다"(계 2:1, 8, 12, 18; 3:1, 7, 14)라는 공식으로 시작되는 그리스도의 인격을 연구해 볼 때, 그것들이 "그 교회의 필요를 언급하기 위해 온전히 선택된 것"[70]이 분명하다. 교회의 장점을 언급하는 "내가 네 행위들을 알고 있으니"라는 부분이 시작을 표시한다.

호어스트만에 의하면 '오이다'(οἶδα)라는 단어는 '예수님이 주제이실 경우에 직감적 또는 확실한 지식[71]을 말할 때 요한이 사용한 단어이다. 이 표현은 요한계시록에도 적용된다. 일곱 서신서에서 9번 사용되었고 (계 2:2, 9, 13, 19; 3:1 ,8, 15) 그 교회들에 대한 완전한 지식을 의미한다. 그리스도가 경고의 말씀을 하시기 전, 그들에 관해 알고 계신 것을 먼저 말씀하신다. 그러므로 그리스도는 먼저 청중에 대한 이해를 말씀하신 뒤에 그들의 구체적인 영적 상태에 대한 적절한 메시지를 던지셨다.

이와 같이 일곱 교회의 서신에서 청중에 대한 깊은 이해와 청중의 필요 및 특징에 따른 맞춤을 발견할 수 있다. 아래의 표는 그리스도의 칭호가 일곱 교회의 역사적 그리고 영적 배경에 어떻게 맞추어졌는지 보여 준다.

표2. 요한계시록의 일곱 교회를 향한 청중 맞춤 서신들

(Osborne, *Revelation*, 108-217)

교회	그리스도 묘사	그리스도의 특징이 청중의 필요와 어떻게 만났는지
에베소 교회	오른손에 일곱별을 붙잡고 일곱 금 촛대사이로 거니시는 분	첫 번째로 언급된 교회가 에베소 교회인 이유는 그곳이 소아시아 교회들의 모교회였기 때문이다. 에베소는 모교회라는 지위를 자랑스러워했다. 그리스도의 칭호는 그의 통치권을 나타냄으로 교회는 교만할 수 없다는 것을 의미한다.
서머나 교회	처음과 나중	서머나에 보낸 서신에는 구약에 대한 암시가 가장 적다. 아마도 그곳의 유대인들에 대한 적대감 때문이다. "서머나는 아시아 도시들중에 자신을 '첫째'라고 자랑스럽게 불렀지만, 오직 예수님만이 우주적 의미로 '첫째'라고 타당하게 불릴 수 있다. 이 메시지는 끔직한 핍박을 겪고 있는 교회에게 특히 적절했다 그들은 예수님께서 그럼에도 현저히 그들을 보살피고 계심을 들어야 했다." '곧 죽었다 살아나신 분'이라는 칭호는 BC 600년에 죽었다가 BC 290년 이전보다 더 큰 영광으로 다시 태어난 도시인 서머나에게 더욱더 적합했다. "서머나처럼 고통 가운데 있는 교회는 현재의 삶은 비참하지만 그들의 궁극적인 장래는 이미 보장되었다는 확신이 필요했다."
버가모 교회	양날 선 검을 가지신 분	'양날 선 검'은 로마 법정의 상징이었다. "그 지방을 맡은 로마 총독은 버가모에 거주했고 검은 삶의 모든 분야, 특별히 정부의 적군을 처형할 수 있는 전체적 통치권을 상징했다. 하지만 그

		리스도의 군사는 그에게만이 참된 주권이 있음을 말해 준다."
두아디라 교회	눈이 불꽃 같고 발이 주석 같은 하나님의 아들	'하나님의 아들'이란 칭호는 이곳에서만 사용된다. 이것은 두아디라 도시에서 아폴로, 즉 제우스의 아들의 중심성 때문이라고 본다. 주석은 구리와 아연의 합금이었고 현지의 협회에서 마을의 군사를 위해 생산되었다. 이처럼 그리스도는 그들이 잘 알고 있는 것으로 비유를 드신다.
사데 교회	하나님의 일곱 영과 일곱 별을 가지신 분	"각 서신서와 같이, 여기 제시된 그리스도의 명칭은 사데에게 중대하다." 일곱 영과 일곱 별에 대한 언급은 "공동체 속에서 완전하고 적절한 성령님의 사역을 상세히 나타낸다." 그 교회는 죽어 있었고 오직 그리스도의 성령의 능력만이 그들을 소생시킬 수 있었다.
빌라델피아 교회	거룩하신 분, 참되신 분, 다윗의 열쇠를 가지신 분,	빌라델피아와 서머나 두 교회만이 책망 받지 않았고, 흥미롭게도 두 교회 모두 강력한 유대인들의 세력에 의한 심한 핍박을 받고 있었다. "그러므로 여기서 선택된 그리스도의 이름은 그러
	곧 열면 닫을 자가 없고 닫으면 열자가 없는 분	한 상황을 반영하고 사면초가에 몰린 빌라델피아 크리스천들에게 메시야는 '사탄의 회당'의 편이 아니라 그들 편이라는 것을 확인시켜 준다." 헬라어로 '쉬나고게'로써 유대인 회당을 일컫는다. 빌라델피아에게 보낸 서신에 구약이 많이 언급된 이유는 그들과 유다이즘간의 싸움 때문이었다. 그리스도는 구약 언어로 묘사되었다. '참되신 분'이라는 칭호는 충실함이라고 해석되고, 빌라델피아의 상황으로는 황제의 충실함과 대

		조된다. "이 핍박받는 크리스천들의 상황 속에서 그리스도께서 그들을 고난 가운데서 회복시키시고 그들의 고통을 보상하실 것을 믿으라는 의미다." '열고 닫는다'의 표현은 청중에게 의미심장했다. 왜냐하면 아마도 유대인들이 크리스천들을 그들의 믿음 때문에 회당으로부터 제명시켰을 것이기 때문이다. 이것은 당시 유대 집단의 관습이었다. 하지만 그리스도만이 하늘나라의 문을 열고 닫을 수 있는 권세가 있으시고 그때 그 유대인들은 거부당할 것임을 암시한다.
라오디게아 교회	아멘이시며 신실하고 참된 증인이시며 하나님의 창조의 근원이신 분	'아멘'이란 단어는 예수님께서 하시는 말씀이 진리와 하나님으로부터 오는 말씀임을 강조하기 위해 자주 사용하셨다. 이 상황에서는 미지근한 라오디게인들과는 달리 오직 예수님만이 말씀을 지키신다는 것을 믿을 수 있다는 것을 의미한다. 세 가지 칭호는 더 이상 믿을 수 없고 증인으로서 자격이 없는 미지근한 라오디게아인들과 고의적으로 대조된다. 창조의 근원이신 예수님의 칭호는 그리스도가 창조물을 지배하는 자로 묘사한다. 이 메시지는 그들의 부와 안일함 가운데 자신들이 주도권이 있다고 생각하는 라오디게아인들에게 예수님만이 창조물을 다스리시고 그가 부와 능력의 근원이라는 것을 말씀하신다.

교회들은 개별적이고도 특별한 이유들로 책망과 권유를 받는다. 에베소 교회는 첫 사랑을 잃었음을 책망 받고, 처음 행위를 하도록 경고 받는다(계 2:5). 핍박을 두려워하는 서머나 교회는 그리스도가 죽도록

충성하는 자에게 "생명의 면류관"을 준다는 말씀을 받는다(계 2:10). 버가모 교회와 두아디라 교회는 거짓 가르침을 허용하고 따랐다. 그리스도는 그들에게 "입의 검"으로 심판하실 것을 경고하시며 회개하기를 권고한다(계 2:16). 사데 교회는 영적으로 죽어 있었다. 그러므로 그리스도는 그들에게 "깨어 있으라!" 경고하시고 도둑같이 갑작스럽게 오실 것임을 상기시키신다. 라오디게아 교회는 미지근한 믿음의 소유자로서 그들의 벌거벗은 영적 상태를 의식하지 못하고 있었다.

그리스도는 그들에게 아래의 말씀으로 부르신다.

> 그러므로 내가 너에게 권고한다. 내게서 불로 단련된 금을 사서 부요하게 하고 흰옷을 사서 입어 너의 벌거벗은 수치가 드러나지 않도록 하여라. 또 안약을 사서 눈에 발라 보게 하여라(계 3:18).

서머나와 빌라델비아 교회만이 허물이 없었다. 각 교회는 그들의 구체적인 행위에 따라 경고와 회개의 부르심이 주어졌다. 그리스도는 그의 청중이 누구인지 아셨기 때문에 그들의 영적 상태에 핵심을 찌르셨다.

4. 하나님이 성령을 통해 설교자들을 도우신다

설교 사역에서 성령님의 역할은 주도적이다. 하나님은 성령님을 통해 말씀하시고 그의 창조물들에게 자신을 나타내신다(요 3:1-8; 고전 2:10-16).

구약은 "선지자들의 예언은 언제나 사람의 뜻을 따라 나온 것이 아니라 오직 성령의 감동하심을 받은 사람들이 하나님께 받아 말한 것이기 때문"(벧후 1:21)이라고 말한다. 예수님은 다윗이 '성령의 감화'를 받았다고 하셨다(마 22:43).

신약에서는 세례 요한이 "어머니 뱃속에서부터 성령으로 충만할 것이다"(눅 1:15)라고 말한다. 예수님은 "주님의 영이 내게 임하셨으니, 주께서 내게 기름을 부으셔서 가난한 자들에게 복음을 전하도록 하셨다"(눅 4:18)라고 말하셨다. 예수님은 "그가 택하신 사도들에게 성령을 통하여 명령하셨다"(행 1:2). 그리고 승천하시기 전에 주신 사명을 감당하기 위해서 성령님의 능력을 기다리라고 가르쳤다(행 1:7-8).

위대한 설교자인 바울도 어린 목회자인 디모데에게 "우리 안에 계시는 성령을 힘입어 너에게 맡겨진 선한 것을 지켜라"(딤전 1:14)고 가르치셨다. 성령님의 사역은 설교 사역과 분리될 수 없다.

페스코(J. V. Fesko)는 성령님이 설교 사역에 아주 중대한 역할을 한다고 말한다.

> 신약에서, 하나님의 말씀을 설교하는 것에 대한 중요성 때문에 목사와 전도자는 성령의 은사에 특별한 관심을 가진다. 바울

은 로마서에서 복음의 선포를 구원에 이르게 하는 하나님의 능력이라고 증언하며 시작한다(롬 1:16). 이 강조는 바울이 요엘 2:32에서도 언급하고 있다.

"누구든지 주님의 이름을 부르는 자는 구원을 받을 것이다" (롬 10:13).

그리고 바울은 중요한 질문을 한다. "그러나 그들이 믿지 않는 분을 어떻게 부르겠느냐? 듣지도 못한 분을 어떻게 믿겠느냐? 전파하는 자가 없이 어떻게 듣겠느냐? 보내심을 받지 않았으면 어떻게 전파하겠느냐? 기록된 것과 같으니, 좋은 소식을 전하는 자들의 말이 얼마나 아름다운가"라고 하였다(롬10:14-15). 우선, 바울이 요엘 선지자와 성령님의 부음(effusion)의 약속을 인용한다. 그러므로 그리스도의 성령의 부어 주심(outpouring)과 말씀의 설교는 연관성이 있다.[72]

"참된 설교는 시작부터 끝까지 성령님의 사역"이라고 말해진 바가 있다.[73] 청중 맞춤 설교에 있어 성령님의 사역은 준비 과정, 설교자, 청중 그리고 선포의 능력을 포함한다.

1) 성령님이 설교 과정을 인도하신다

한 강해설교 교수가 한 말이다.

성령님은 올바른 성경 본문과 필요한 책들을 고를 수 있도록 우리를 인도하시고, 성경 본문을 연구하는 데 조명과 영감을 주시며, 유사한 본문들과 적합한 예화를 상기 시키도록 우리의 기억력을 도우신다. 본문에 집중하는 기쁨을 주시고, 설교를 적거나 말로 표현해 낼 수 있는 능력을 주시고, 전달할 때에 담대함과 확신을 주신다. 설교하는 동안에 새로운 생각으로 감화하시며, 별로 적합하지 않은 것들은 생략하게 하신다.

성령님은 설교자의 설교 준비 과정을 인도하신다. 성령님은 강단에서 내려올 때까지 설교 메시지를 이끄신다. 정말 많은 요소들이 준비과정에 영향을 미치기 때문에 성령님의 인도하심은 절실하다. 본문에 대한 설교자의 개인적인 편견이나 추측된 관점이 아닌 올바른 이해와 결론을 위해서 성령님의 도우심이 필요하다.

토니 사르전트(Tony Sargent)는 이 사실에 동의한다.

> [성령님은] 최상의 조절(control)을 하신다. 성령님은 설교자의 뒤에서와 가운데서와 그 주위에서 설교를 자극하시고 소통을 지도하시고 설교의 모양을 만드시고 설교자에게 활기를 주시며 말의 흐름을 조절하신다. 이 모든 것은 하나님이 설교자를 향해 미소를 짓고 계심을 표시한다.[74]

더 나아가서 말씀을 이해하는 데 성령님의 역할은 아주 중요하다. 이것은 말씀이 성령님의 영감으로 만들어졌기 때문이다(딤전 3:16). 베드로와 바울 모두 구약성경을 쓰신 성령님의 역할을 증언했다(벧후 1:20-

21; 딤후 3:16). 성령님 없이는 하나님의 일을 이해할 수도, 헤아릴 수도 없다(고전 2:14).

예수님이 십자가에 달리시기 전 마지막 순간에 제자들에게 성령님을 소개하신다. 성령님은 그의 사랑하는 제자들과 항상 함께 하시고 말씀하신다.

> 내가 아직 너희와 함께 머무는 동안에 너희에게 이것들을 말하였다. 그러나 보혜사, 곧 아버지께서 내 이름으로 보내실 성령께서는 너희에게 모든 것을 가르치시고 내가 너희에게 말한 모든 것을 생각나게 하실 것이다(요 14:16, 25-26).

비록 그때 제자들은 예수님의 약속을 온전히 이해하지 못했지만, 그들은 오순절 날 예수님의 말씀을 곧 깨닫게 되었다. 사도 바울도 하나님의 생각을 그의 백성에게 나타내시는 성령의 역할을 증명한다.

> 기록되어 있기를 "눈으로 보지 못하였고, 귀로 듣지 못하였고, 사람의 마음에 떠오른 적이 없는 것들을 하나님께서는 자신을 사랑하는 자들을 위하여 예비하여 주셨다"라고 하였다. 하나님께서는 성령을 통하여 우리에게 계시하셨으니, 성령께서는 모든 것, 심지어 하나님의 깊은 것들까지도 통찰하신다. 사람 속에 있는 사람의 영 외에 누가 그 사람의 생각을 알겠느냐? 이와 같이 하나님의 영 외에는 아무도 하나님의 생각을 알지 못한다. 우리는 세상의 영을 받지 않고 하나님께로부터 온 영을 받았으

니, 이는 우리로 하여금 하나님께서 우리에게 은혜로 주신 것들을 알게 하려는 것이다(고전 2:9-12).

성령님의 계시적인 역할(하나님의 생각과 말씀을 나타내는)이 없었으면 하나님의 말씀을 대신하여 선포하는 설교도 없었을 것이다. 하나님의 영은 그를 믿는 자들에게 주어졌고 하나님의 생각을 알게 하셨다.

2) 성령님이 설교자를 세우신다

하나님은 "우리가 이 보배를 질그릇 안에 가지고 있으니, 이는 심히 큰 능력이 하나님께 있고 우리에게서 나온 것이 아님"(고후 4:7)을 보여 주기 위해 연약한 질그릇을 통해 말씀하셨다. 바울은 하나님 말씀을 전하는 모든 설교자들을 대신하여 말한다.

> 우리가 그것들을 말하되 사람의 지혜로 가르친 말로 하지 않고 다만 성령께서 가르치신 말씀으로 하니 곧 영적인 것을 영적인 것으로 설명하는 것이다(고전 2:13).

성령님은 설교자들에게 하나님의 영적인 것을 전할 수 있는 능력을 주신다. 성경은 성령으로 감동되었음으로 설교자가 능력을 받을 수 있고 사역의 구체적인 지도를 받으며 불순종의 죄악된 행위를 증명 받는다.[75] 성령님은 지혜, 사랑, 이해와 현명한 판단의 영이시다. 그는 상담의 영, 예배의 영, 위로의 영, 진리의 영, 믿음의 영, 능력의 영, 지식의 영이라고 불린다.76 설교 사역에 필요한 이러한 특성의 원천은 다름 아닌 성령님이시다.

베드로가 오순절 날에 복음을 전하려 무리 앞에 섰을 때, 그는 성령 충만했다. 사도행전의 'addressed'라는 동사는 영감으로 된 발언을 말하는 것으로 성령의 역사를 의미한다.77 하나님의 놀라운 일꾼이었던 바울도 하나님이 그의 종들을 통해 역사하심을 말하고 있다.

> 나는 심었고 아볼로는 물을 주었으나, 하나님께서는 자라게 하셨다. 그러므로 심는 자나 물을 주는 자는 아무것도 아니요, 오직 자라게 하시는 분은 하나님뿐이시다(고전 3:6-7).

하나님은 성장을 이루시는 분이지만 그는 바울과 아볼로와 같은 인간 사역자들을 통해서 열매를 맺으셨다. 마틴 로이드 존스(Martin Lloyd-Jones)는 다음과 같이 말한다.

> 참된 설교는 하나님의 행하심이다. 그저 한 사람이 말을 발언하는 것이 아니다. 하나님이 그를 사용하시는 것이다. 그는 하나님께 쓰임 받는 것이다.78

로이드 존스는 또한 "당신은 지식이 있고, 설교 준비를 꼼꼼하게 할 수 있다. 하지만 성령님의 기름 부으심 없이는 당신의 설교는 능력이 없고 효과도 없을 것"79이라고 했다. 설교자가 회중의 삶에 조금이라도 영향을 미치길 원한다면, 성령님의 도우심이 절대적으로 필요하다.

준비할 수 있는 모든 것을 마친 뒤, 설교자는 성령님의 역사하심을 위해 기도하고 간구해야 한다. 월터 카이저(Walter C. Kaiser)는 이 점을 명백히 말한다.

> "성령님의 역사하심"(demonstration, ἀπόδειξις)은 부족한 우리의 말을 하나님의 능력 있는 말로 만들기 위해 필요하다. 그렇다. 우리가 석의자로 모든 임무를 충실히 수행하고 그 석의 과정을 적용하기 위해 본문 한 단락 한 단락을 풀어서 설명한다 하더라도 그 말씀이 청중의 삶을 변화시키려면 성령님께서 그 말씀을 깨닫게 하셔야 한다. 설령 청중의 즉각적인 반응을 기대하지 않는다고 해도 청중의 삶을 변화시키려면 성령님의 도움이 필요하다. 그러므로 우리 메시지의 자료 사용의 순수성과 그 메시지를 다시 만드는 방법의 정확도로는 충분하지 않다. 성령님의 분명한 임재와 힘 있는 역사가 있어야 만이 메시지 전달과 교회는 무관심한 세상에 영향을 끼칠 수 있다.[80]

설교자보다 성령님에 대한 강조를 오해하면 안 된다. 제이 아담스(Jay Adams)는 다음과 같이 말했다.

> 성령님의 역사하심이 설교자와 청중 모두에게 임해야 성공적인 설교(즉 보여 지는 결과와 관계없이, 하나님의 조건을 모든 방면으로 갖춘 설교)를 할 수 있고, 설교자가 청중에게 전하는 구체적인 메시지를 통해 성령님의 역사하심의 축복이 임한다.[81]

참으로 설교자가 "진리의 말씀을 옳게 분별하며, 하나님께 부끄러울 것이 없는 일꾼으로 인정받아 자신을 하나님께 드리도록"(딤후 2:15) 헌신할 때 성령님은 설교자를 능력으로 만나 주신다.

3) 성령님이 청중을 조명하신다

성령님이 드러내는 역할은 설교자만을 위한 것이 아니다. 청중에게도 중요하다. 왜냐하면 하나님의 말씀을 이해하는 것은 성령의 역사로만 가능하기 때문이다. 칼빈은 이것을 성령님의 내적 증거로서 개인이 하나님의 말씀을 영접하기 위해 절대적으로 필요하다고 했다.

> 하나님 자신만이 그의 말씀의 합당한 증인이 되신다. 그러므로 성령님의 내적 증거로 봉인되기 이전에 말씀은 사람의 마음에 영접 받지 못할 것이다. 그러므로 선지자들의 입으로 말씀하신 동일하신 성령님이 우리 마음을 관통하셔서 하나님이 명하신 것을 충실히 선포했음을 설득하셔야 한다.[82]

설교가 유창하고 완벽하게 보이는 것과는 상관없이 회중의 삶을 움직이게 하는 것은 성령님의 몫이다. 성령님은 설교 내용을 조명하실 뿐만 아니라 청중의 반응에도 직접 영향을 주신다.
바울이 데살로니가 교회에 편지를 썼을 때, 이 사실을 잘 알고 있었다.

> 이는 우리의 복음이 너희에게 말로만 전해진 것이 아니라, 능력

과 성령과 큰 확신으로 전해졌기 때문이다. 우리가 너희 가운데서 너희를 위하여 어떠한 사람이 되었는지는 너희가 아는 바와 같다(살전 1:5).

위 말씀에서 알 수 있는 것은 바울이 자신의 설득 기술 능력보다 성령님의 능력을 의지했다는 점이다. 바울은 그의 말이 너무 연약해서 그것만으로는 누구도 복음을 이해하거나 영접하게 할 수 없다고 확신했다. 하지만 성령님을 통한 바울의 복음 전파는 듣는 이들의 양심과 삶에 가책을 느끼게 했고 그들을 믿음과 구원으로 인도했다. 존 스토트는 이러한 확신을 잘 설명하고 있다.

> 오직 성령님만이 양심의 가책을 느끼게 하고, 생각을 조명하고, 마음을 흥분시키고, 의지를 움직일 수 있다. 성령님이 줄 수 있는 말씀의 능력 있는 입증만이 사람들이 말씀을 받아들이도록 설득하고, 그것을 유지하여 인내로 열매를 맺게 할 수 있다.[83]

성령님이 첫 번째 오순절 때에 설교자들에게 임하신 것과는 달리 이방인들의 오순절에는 청중에게 임하셨다(행 2장; 10:44). "청중들 가운데 성령님은 설교자의 삶에 그의 임재만큼이나 중요했다."[84] 그러므로 성령님은 청중들이 하나님의 말씀을 들을 때 청중의 삶에 역사하신다.

4) 성령님과 선포의 능력

선지자들은 그들의 말씀의 권위를 하나님의 영의 임하심과 관련시켰다. BC 6세기 선지자 스가랴는 앞서간 선지자들이 하나님의 말씀을 하나님의 영으로 전했다고 한다(슥 7:12). 에스겔은 하나님의 메시지가 그에게 임했을 때의 성령의 능력을 묘사한다.

> 영이 나를 들어 올려 데리고 가실 때에 내가 괴롭고 심령이 분하였으나, 여호와의 손이 내게 강하게 임하셨다(겔 3:14).

예수님의 설교 사역도 다를 바 없었다. 브루스(F. F. Bruce)가 언급했듯이 예수님의 지상 사역은 성령의 능력으로 시작되었고 그 이후의 사역도 성령의 능력으로 힘입으셨다.

> 예수님께서 안수 받으시고 "그가 성령의 능력을 입고 갈릴리로 돌아가시니"(눅 4:14) 그 후에 이사야 6:1-2과 다른 예언적 성경 본문을 이루시는 사역에 착수하셨다. 병든 자를 고치시고, 귀신들린 자들을 구하시고, 하늘나라의 복음을 말씀과 행함으로 선포하셨다.[85]

설교를 포함한 예수님의 사역에는 성령의 능력이 뚜렷하게 나타났다. 존 칼빈도 이것에 주목하며 다음과 같이 말했다.

> 그리스도가 초월한 능력은 오로지 성령으로부터 비롯된 것이었다. 그러므로 하늘의 아버지가 그의 아들을 안수하셨던 때처럼, 그를 그의 영의 능력으로 공급하셨다.[86]

오늘날의 설교자들에게도 성령님의 능력이 그때만큼이나 필요하다. 예수 그리스도가 하나님의 유일한 아들로서 성령의 능력이 필요했다면, 낮고 낮은 인간 설교자들은 얼마나 더 절실하겠는가!

그렇다면 설교자들은 성령의 능력을 어떻게 체험할 수 있을까?

사도 바울의 개인 간증은 설교에 있어서 성령의 능력을 보여 준다. 고린도에게 보내는 그의 편지에서 그는 말한다.

> 내가 이것을 쓴 것은, 내가 갈 때에 나를 기쁘게 할 자들로부터 근심을 얻지 않으려는 것이니, 나는 나의 기쁨이 너희 모두의 기쁨이 될 것이라고 확신한다. 나는 큰 환난과 마음의 고통 때문에 많은 눈물로 너희에게 편지를 썼다. 이는 너희를 근심하게 하려 한 것이 아니고, 오직 내가 너희를 향하여 넘치는 사랑이 있음을 알게 하려는 것이다. 만일 누가 근심하게 하였으면, 그것은 나를 근심하게 한 것이 아니라, 어느 정도 너희 모두를 근심하게 한 것이다. '어느 정도'라 한 것은 너무 심하게 말하지 않으려고 하는 것이다(고전 2:3-5).

다른 말로 하면, 바울은 그의 언변이나 수사적 능력을 의지하지 않았다. 이것은 그 당시 그리스의 웅변가들과 대조된다. 그들은 언어적

교묘함과 세련된 발언에 의존해 소통했다. 하지만 바울은 그의 간단하고 더듬거리는 말에 성령님께서 하실 수 있는 강력한 입증을 의지했다.

바울이 말씀을 선포할 때에 강조했던 것은 우리 자신의 힘이나 논리가 아닌 (우리가 청중에게 아무리 애원하고 설득한다 할지라도) 성령님의 능력을 믿어야 한다는 것이다.[87]

설교자들은 어떻게 하나님의 능력을 체험할 수 있는가?

오스왈드 챔버스(Oswald Chambers)는 이러한 결론을 내린다.

> 우리는 우리가 연약한 것과 하나님께 의지해야 한다는 것을 인식하는 바로 그 순간 하나님의 성령이 능력을 나타내는 순간이 될 것이다.[88]

그렇다. '그 순간'을 끊임없이 경험하는 설교자일수록 거룩한 강대상에 하나님의 영광이 임하며 하나님의 말씀을 듣는 수많은 영혼들이 성령님을 통해서 변화되는 역사를 체험할 것이다.

설교와 청중

Preaching and Audience

제3장
설교 전달에 있어서 청중 분석의 중요성

우리 가족이 좋아하는 아이스크림 가게가 있다. '베스킨라빈스'라는 체인점인데 미국에서 유학생활을 할 때 종종 가게 되었고 지금까지 변함없이 사랑한다. 이 아이스크림 가게의 매력은 31가지의 다양한 맛을 고를 수 있다는 점과 샘플 아이스크림 맛을 무제한으로 먹어 볼 수 있다는 점이다. 또한 매달 이달의 맛을 선정하고, 새로운 아이스크림을 개발하여 고객들의 호기심과 침샘을 자극하기도 한다.

우리 가족이 베스킨라빈스에서 주문하는 아이스크림 맛은 다 다르다. 큰 아들은 베리베리 스트로베리, 둘째 아들은 주로 '이달의 맛'을 선택하고, 막내딸은 마법사 할로윈이나 그린티, 아내는 뉴욕치즈케익을, 그리고 나는 일편단심 민트향 초콜릿 칩을 먹는다. 다양한 입맛을 가진 우리 가족 모두가 행복하게 먹고 기분 좋게 돌아간다. 우리 가족뿐만 아니라 50여 개의 나라에 4,000개가 넘는 베스킨라빈스 체인점을 드나드는 고객들도 그럴 것이다.

그 많고 많은 아이스크림 가게들 가운데 베스킨라빈스가 70년이 되도록 인기를 누리는 비결이 궁금하지 않는가?

베스킨라빈스의 비결은 별 것이 아니다. 창업자 중 한 명인 라빈스가 자신의 아버지의 아이스크림 가게에 오는 고객들을 살펴본 것이다. 그들에게 아이스크림이란 그냥 먹거리가 아니라 쉴 수 있는 시간을 제공하는 매체였고 힘든 하루의 노동을 풀어 주는 달콤함이었다. 그들에게 적절한 가격의 달콤한 휴식을 매일 다른 맛(그리하여 31개의 맛)으로 제공하겠다는 생각으로 시작되었다.[1] 그의 아버지도 20년간 아이스크림을 팔았고 나름대로 최선의 맛을 제공하였지만 그의 아들처럼 성공을 맛보지 못한 이유는 고객의 필요와 특징을 파악하는 데 있었다.

이 장은 설교자가 청중의 필요와 특징을 설교 준비 과정의 매 단계마다 고려하는 것이 설교에 더 효과적이라는 사실을 제시한다. 일반 서적과 기독교 서적을 검토해 봤을 때 공개 연설과 설교 두 분야 모두 청중 분석과 맞춤의 중요성을 확인시켜 준다. 청중은 연설의 목적, 상황과 함께 언제나 잘 된 구두 전달의 필수적인 측면이었다.[2]

비브와 비브(Beebe and Beebe)는 공개설교를 청중 중심 관점으로 연구하면서 청중 중심 연설 모델을 개발했다. 이 모델은 "청중 중심적이란 연설 과정의 매 단계마다 당신의 청중을 유념하는 것"이라는 신념에 근거한다.[3] 그들의 모델에 따르면, 청중 분석은 선택 사항도 아니고 연설 첫 부분에만 한정된 것도 아니다. 청중에 대한 초기 분석 이후에도 그들의 가치관, 필요, 신념, 그리고 그 이외의 특징들을 연설 맞춤의 형식으로 준비 과정의 매 단계에 영향을 미치도록 하는 것이다. 이러한 이유는 그들은 "청중에게 민감하고 당신의 메시지에 맞추는 것이 당신과 다른 문화적 배경의 청중을 대할 때뿐만 아니라 모든 상황에서 도움이 될 것"이라고 믿기 때문이다.[4] 다음은 그들의 청중 중심 연설 모델이다.[5]

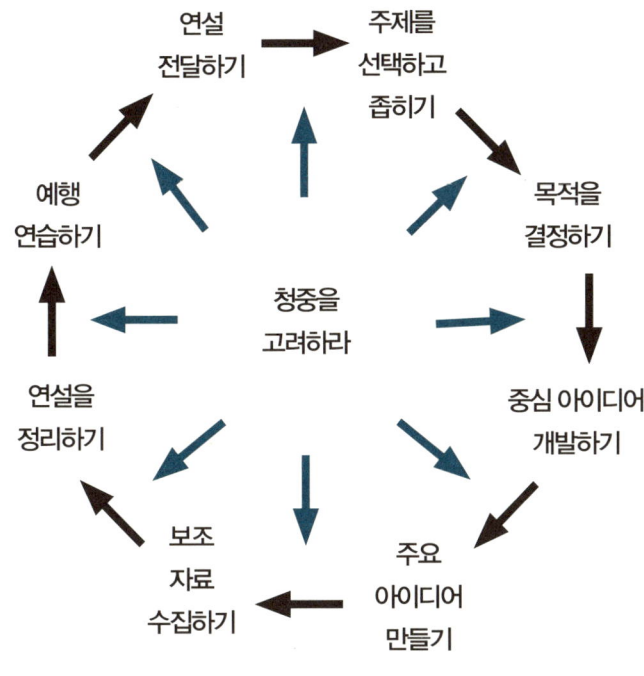

모형1. 청중 중심 연설 모델

첫째 단계는 '청중 파악하기'이다. 이것은 연설을 할 구체적인 청중에 대해 정보를 수집하는 것을 의미한다. 수집한 정보를 관찰하고 분석한 것은 연설의 모든 분야의 결정을 내릴 때 사용한다.

둘째 단계는 '주제 선택하고 좁히기'이다. 청중, 연설자의 관심 그리고 연설의 구체적인 경우를 고려한 좋은 연설 주제를 선택하는 것을 말한다.

셋째 단계는 '목적 정하기'이다. 연설자가 연설의 일반적인 목적을 결정하는 것이다. 주로 교육, 설득, 또는 접대를 위한 목적들이 있다. 연설자는 연설 끝에 청중이 할 수 있는 것을 나타내는 진술 하나를 생각할 필요가 있다.

넷째 단계는 '중심 아이디어 개발하기'이다. 이것은 연설을 압축하여 한 문장의 요약으로 만드는 것이다. 이 단계에서 설교자는 설교 내용이 청중의 뜻에 따라 바뀌는 것이 아니라는 것을 기억해야 한다. 메시지의 내용은 청중에 따라 변하면 안 된다. 설교자는 성경 본문의 진리를 청중이 이해할 수 있게 전달하는 것이 목표이다.

다섯째 단계는 '주요 아이디어 만들기'이다. 중심 아이디어의 논리적인 분할과 근거를 정리하는 것이다.

여섯째 단계는 '보조 자료 수집하기'이다. 주요 아이디어를 보조하는 유익하고 매력 있는 이야기, 통계, 이미지, 의견 등을 찾는 연구를 하는 것이다.

일곱째 단계는 '연설 정리하기'이다. 모든 자료를 연설의 서론, 내용, 그리고 결론에 붙이는 작업이다.

여덟째 단계는 '연설 예행 연습하기'로 연설 원고를 작성하고 미리 연습을 해두는 것이다. 이것은 실제 연설을 하듯이 큰소리로 일어서서 한다. 이 단계에서는 도움이 될 만한 발표 보조 도구를 포함시킬 수 있다.

아홉째이자 마지막 단계는 '연설 전달하기'이다. 적절한 눈맞춤, 적절한 자세와 몸짓, 그리고 적합한 목소리 크기와 변형이 필요하다.[6]

비브와 비브에 의하면 이러한 단계들을 따르면서 청중을 과정 내내 유념하며 맞추어 간다면 성공적인 연설이 가능하다고 한다. 소통(communication) 분야의 전문가들은 말한다.

> 소통 교사들이 그들의 학생들에게 가르칠 수 있는 가장 중요한 기술을 꼽아야 한다면 우리는 아마도 여러 후보자를 추천할 수 있을 것이다. 하지만 우리의 목록 제일 위에 또한 거의 윗부분에 있는 것은 청중을 분석하고 맞추는 주제다.[7]

이것은 새로운 현상이 아니다. 고대부터 수사법의 아버지인 아리스토텔레스는 청중의 중요성을 인식했고 그의 저술의 대부분을 청중의 특성에 연설을 맞추어야 하는 필요에 헌신했다. 이것은 그가 "청중은 연설이 그 자신의 성격에 맞추어지고 반영할 때 항상 잘 받아들인다"는 것을 알았기 때문이다.[8]

청중 분석과 청중 맞춤이 중요한 이유는 연설자와 그의 메시지의 효과를 결정하기 때문이다.

> 효과적이기 위해서 연설의 메시지는 청중이 이해할 수 있어야 하고 의도한 목적에 도달 할 수 있어야 한다. 청중이 연설자의 아이디어를 이해하는 데 실패하면 연설은 실패한 것이다.[9]

이것은 연설자가 그의 청중에 대해 충분히 알 것을 요구한다. 그래서 청중이 이해할 수 있게 그의 자료를 제시할 수 있어야 한다. 메시지의 목적을 아는 것만으로는 충분하지 않다. 연설자의 머릿속에는 특정한 청중의 특징과 필요도 목적만큼이나 분명해야 한다. 개스(Robert H. Gass)와 세이터(John S. Seiter)는 영향력을 끼치기 위해서 청중과 그들의 필요를 반드시 알고 맞춰야 한다고 주장한다.[10]

> 청중 분석과 맞춤에 대한 상당한 양의 이론, 연구, 그리고 실제적인 조언을 포함하지 않은 공개연설이나 설득 교재를 찾는 것은 어렵거나 불가능하다.[11]

언어 소통 분야에서 청중의 중요성은 너무나도 확실하게 확립된 사실이다.

청중 분석과 맞춤은 일반 소통 이론 교사들에게만 제한되지 않는다. 역사적으로 설교학의 설교자들과 선생들은 그것의 중요성을 오래 전부터 인식하고 있었다. 일찍이 식민지 시대부터 설교자들을 훈련하기 위한 주된 목적으로 설립된 대학들은 설교의 주요 아이디어를 청중의 상황, 즉 그들의 환경, 성격, 취향, 그리고 편견에 적응시키는 것을 매우 강조했다.[12] 나다니엘 에몬스(Nathanael Emmons)라는 18세기 후기와 19세기 초기의 유명한 설교학 교수는 설교 준비 과정에서 청중 초점을 특별히 강조한 설교 지침서를 썼다.

> 지혜로운 설교자, 즉 그의 청중의 사고를 발전시키려고 하는 사람은 항상 그들의 특정한 성격에 따라 그의 담화를 적용한다. 성도에게 속하는 것은 성도에게 적용하고, 죄인에게 속하는 것

은 죄인에게 적용한다. 각 분류에 속한 여러 개인들에 대한 일반적인 차이를 알 뿐만 아니라, 어떤 진리는 태만한 성도에게 더 제대로 적용되고, 어떤 것은 퇴보적인 성도에게, 어떤 것은 애도하는 성도에게, 그리고 어떤 것은 성장하고 기뻐하는 성도에게 적용된다. 반면에 죄인들의 사고에 인상을 남기기 위해서는 하나님의 진리들을 그들의 구체적인 성격에 구체적으로 적용하는 것도 필수적이다. 어떤 진리들은 세속적인 죄인들에게, 어떤 것은 독선적인 죄인들에게, 그리고 어떤 것은 일깨워지고 확신하는 죄인들에게 적용되어야 한다.[13]

이와 마찬가지로, 토마스 스키너(Thomas Skinner) 교수는 말한다.

주제가 청중들의 일반적인 관심사와 부합할 때만 능력이 고조되는 것이 아니라 계급, 상황, 그리고 삶의 계절에 구체적으로 맞추어져 있을 때에 그렇다. 많은 설교들은 놀라운 능력이 있다고 여겨졌고 사실상 그랬다. 그것은 설교가 잘 쓰였거나 발음이 좋았기 때문이 아니라 설교자가 지혜롭게 그의 목적을 그의 청중의 구체적인 상태와 필요에 맞추었기 때문이다.[14]

이러한 진심 어린 지적은 설교에 있어서 청중 분석과 맞춤의 중요한 근거가 된다. 구체적인 청중에게 설교하는 것의 중요성은 이전부터 지금까지 지속되어 왔다. 성경적 설교의 전문가인 해돈 로빈슨(Haddon Robinson)은 효과적인 성경적 설교를 개발하기 위해 아래와 같은 단계

를 제시했다.[15]

① 본문 선택하기
② 본문 연구하기
③ 석의적인 아이디어 발견하기
④ 석의적인 아이디어 분석하기
⑤ 설교학적인 아이디어 형성하기
⑥ 설교의 목적 결정하기
⑦ 어떻게 이 목적을 이룰지 결정하기
⑧ 설교 아웃라인하기
⑨ 설교 아웃라인 채우기
⑩ 서론과 결론 준비하기

단어나 글귀가 다를지는 몰라도 그의 단계들은 비브와 비브가 제시한 청중 중심 설교 모델과 아주 유사하다. 그들의 개요는 여러 면에서 만난다. 둘 다 한 토픽이나 본문을 정하는 것, 메시지의 목적을 정하는 것의 중요성, 주요 아이디어를 개발 또는 표현해야 하는 필요성, 설교를 정리 또는 개요하는 것 등을 다루고 있다. 비브와 비브와 로빈슨의 주요 차이점은 로빈슨은 그의 단계에서 청중을 포함시키지 않았다는 점이다. 하지만 로빈슨은 그의 저서 『강해설교』(CLC刊)의 첫 장에서 청중을 고려하는 것에 우선순위를 둔다. 그는 다음과 같이 진술하고 있다.

우리의 청중이 구체적인 그들의 상황 속에 있고 그들만의 독특한 사고방식을 소유하고 있다는 것을 깨닫지 못한다면 오늘날 우리의 석의적인 설교는 효과적이지 못할 것이다.[16]

즉 로빈슨은 효과적으로 설교하기 위해선 청중과 그들의 상황을 아는 것이 중요하다는 것을 알고 있었다. 로빈슨, 그리고 비브와 비브 모두에게 청중을 아는 것은 효과적인 대중 설교를 위한 첫 번째 단계인 것이다.

오늘날 잘 알려진 설교자이자 설교학 교수인 캘빈 밀러(Calvin Miller)는 설교 과정을 소통이론으로 표현한다.

소통은 발송자와 수신자의 사고와 생각이 교환하는 것이다. 설교 사건은 세 파트(부분)의 드라마이다. 발송자, 중간 매체 그리고 수신자다.[17]

설교 맥락 상 발송자는 설교자이고, 중간 매체는 설교이고, 수신자는 회중이다. 언어 소통이나 효과적인 설교를 위해 이 세 부분이 필수적이다.

첫째 부분인 설교자는 매우 중요하다. 수많은 서적이 설교자와 설교자의 영성의 중요성에 대해 말하고 있다. 필립 브룩스의 설교에 대한 유명한 정의는 이렇다.

"설교는 인격을 통한 진리의 소통이다."[18]

이 정의는 설교자들의 높은 소명을 암시한다. 설교자는 하나님 말씀의 순수한 청지기로서 삶과 언어에 허물이 없고 거룩해야 한다. 설교자가 어떻게 말하고 행동하는가는 메시지에 대한 청중의 반응에 영향을 미친다.

둘째 부분인 설교 내용도 중요하다. 모든 설교자는 성경 본문을 정확히 해석하고 석의해야 한다. 하나님의 대변인들은 존 칼빈이 죽기 한 달 전인 1564년 4월에 한 말을 목표와 목적으로 삼아야 한다.

> 나는 내가 아는 한 하나의 성경 본문도 부패시키지 않았고 일그러뜨리지 않았다. 그리고 만약에 내가 미묘한 의미를 부여했거나 교묘함을 연구했다면 내가 한 모든 것을 짓밟는 것이다. 그리고 나는 항상 단순하기 위해 연구했다.[19]

설교의 메시지는 하나님의 말씀 그 이상도, 그 이하여도 안 될 것이다. 하지만 가장 중요한 부분은 수신자이다. 왜냐하면 청중이 없다면 설교자와 메시지는 소용없기 때문이다. 상식은 말해 준다.

"말하기 위해선 다른 사람이나 사람들에게 해야 한다. 자기 자신에게 말을 하더라도 자신이 두 사람인 척 해야 한다."[20]

이것은 설교도 마찬가지이다. 웨인 맥딜(Wayne McDill)의 결론도 그렇다.

> 청중의 부재는 설교가 없다는 것이다. 듣는 자들을 위하여 하나님이 자신을 나타내신 것이다. 듣는 자를 위하여 하나님이 설교자를 부르신다. 하나님 마음의 관심은 그의 말씀을 들을 필요

가 있는 자에게 있다. 설교자 또한 그 청취자에게 마음을 줄 것이다. 그의 메시지에 대한 긍정적인 수용을 가장 잘 유발할만한 방도를 연구하여 청중에게 연관시킬 것이다. 그들의 구체적인 준거 틀에 의해 그들을 있는 그대로 대할 것이다.[21]

설교는 구체적인 청중을 위한 것이다. 설교자가 하나님의 마음을 아는 한 설교는 청중에 대한 아무런 의식 없는 일반적인 가르침이 될 수 없다. 이런 이유 때문에 설교를 발송자, 중간 매체, 그리고 수신자를 포함하는 구두 소통의 유형으로 보았을 때, 설교에 있어서 청중 분석과 맞춤의 역할은 아주 중요하다. 다음으로 청중 분석과 설교와 관련된 이슈들을 살펴볼 것이다.

1. 청중 분석

청중 분석은 '청중을 인식하고 그들의 관심, 이해 수준, 태도와 신념에 설교를 맞추는 것'이라고 정의할 수 있다.[22] 청중 분석은 정의상 청중 맞춤을 포함한다. 하지만 논의상 이 부분은 주로 청중 분석을 다룬다. 이 정의를 설교 상황에 적용한다면 청중은 회중이고, 설교자는 회중의 필요, 태도, 가치관, 신념, 문화와 그 외의 특성들을 고려해야 한다. 이것은 각 교회의 회중마다 그들만의 독특한 특징과 필요를 갖고 있기 때문이다. 기독교 신학자들은 회중의 구체적인 특징을 고려하기 전에 모든 회중에게 적용되는 일반적인 공통점들과 특징들이 있다고 제시한다. 이것은 인간이 필요로 하는 기본적인 몇몇 요소들은 성경이 쓰인 이후로도 별로 달라지지 않았기 때문이다. 다니엘 바우만(J. Daniel Baumann)은 말한다.

> 우리는 고대 세상의 사람들과 아주 흡사하다. 피상적인 사고, 이성적인 확신, 그리고 정신적인 감정 면에서 오직 일부만이 다를 뿐이다. 마음의 실상의 기본은 모두 다 똑같다. 모든 시대의 사람들이 하나님 앞에 섰듯이 우리도 똑같이 그분 앞에 서 있다. 우리 모두는 다윗의 죄책감, 도마의 의심, 베드로의 부인, 데마스의 이탈, 어쩌면 배신자 유다의 입맞춤까지도 경험했다. 인간 영혼의 현실과 모호성으로 수세기가 서로 연계되어 있다.[23]

그러므로 인류와 특정한 청중에 대한 기본적인 사전 지식은 설교의 더 큰 효과를 위한 설교자들의 전제 조건이다.[24] 이러한 공유된 필요는 심리적, 신학적, 그리고 회중의 공통성으로 분류할 수 있다.

1) 심리적 공통점

설교자가 청중을 알기 위하여 일반적인 청중 심리를 이해할 필요가 있으며, 심리학에서도 이 부분을 이해하는 데 도움을 주는 이론들이 있다. 먼저 인간의 기본적인 욕구에 대해 설명해 주는 여러 심리학 이론들을 살펴보자.

(1) 아브라함 매슬로우(Abraham Maslow)의 욕구 단계설

그 중에서도 처음으로 소개되고 가장 잘 알려진 이론은 아브라함 매슬로우의 욕구 단계설이다. 매슬로우는 모든 인간의 행실을 다섯 단계로 분류할 수 있는데, 각 단계들은 욕구를 충족하기 위한 충동에서 비롯된다고 설명한다.[25]

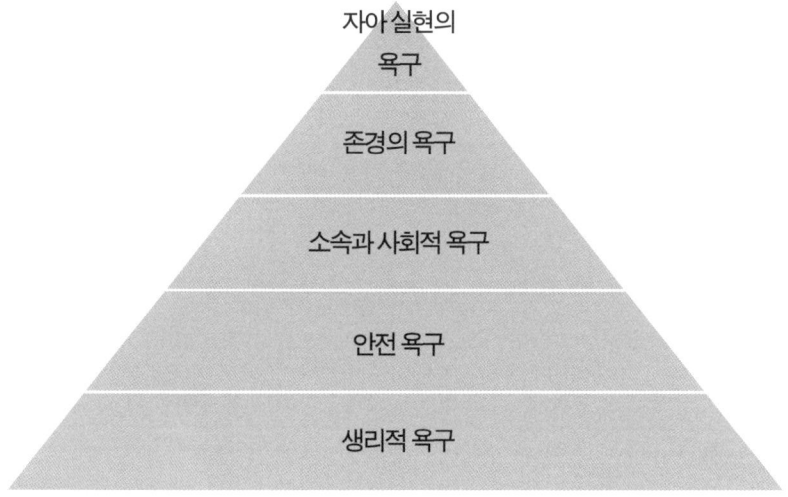

모형 2. 아브라함 매슬로우의 욕구 단계설

매슬로우는 생리적 욕구를 가장 기본적인 단계로 보고 있다. 이것은 인간 생존을 위해 기본적으로 필요한 것들을 포함한다. 즉 식량의 필요, 위험으로부터 달아나야 하는 필요, 따뜻해야 하는 필요, 그리고 감각 자극의 필요이다. 기본적인 욕구들이 충족되어야 그 다음 욕구 단계로 옮겨 갈 수 있다는 것이 매슬로우의 주장이다. 또한 인간은 기본적인 생리적 욕구를 채우면 더 높은 단계의 욕구에 관심을 보이게 된다.

생리적 욕구가 어느 정도 채워지면 안전에 대한 욕구가 중요해진다. 이것은 개인 보안, 재정적 안정, 건강과 복지, 그리고 사고와 질병으로부터의 안전을 포함한다. 안전 욕구는 생리적 욕구처럼 모든 종류의 청중에게 적용된다.

생리적 욕구와 안전 욕구가 채워지면 사람들은 사랑과 소속감을 필요로 한다. 이것은 여러 사회 집단 즉 가정, 종교 집단, 전문 단체로부터의 소속감과 인정을 받고자 하는 욕구이다.

그 다음 단계인 존경의 욕구는 모든 인간은 존중 받기를 원하고 자부심을 느끼기를 원한다는 것이다. 이것은 다른 사람들로부터의 인정과 가치에 대한 욕구이다.

마지막 단계는 일반적으로 잘 알려진 자아 실현, 즉 개인의 완전한 잠재성을 실현하는 것을 의미한다. 이 마지막 욕구를 실현하기 위해서는 생리적, 안전, 사랑과 존경의 욕구들이 충족되어야 한다. 이 단계들 중 어느 하나라도 충족되지 않으면 심리적인 문제가 발생할 수도 있다.[26]

매슬로우의 욕구 단계설은 과학적으로 입증되지는 않았지만, 일반적인 인간 욕구를 어느 정도는 설명해 준다. 이 이론의 심리적 일반화에 대해 듀에인 리핀(Duane Litfin)은 유익한 관점을 제공한다.

> 우리 모두는 핵심까지 욕구 성취자들이다. 우리의 태도와 행동은 하나님께서 우리 본능으로 만드신 여러 욕구들을 채우려는 욕망으로 동기부여 된다. 매슬로우의 단계는 그러한 욕구들에 대해 생각할 수 있는 한 방법이다. 그리고 이 기본적인 사실을 이해하는 것과 인간의 기본 필요가 무엇인지 감지하는 것을 결

합하는 것이 효과적인 설교자가 되는 첫 걸음의 하나이다.[27]

그러므로 매슬로우의 이론은 비록 영적 관점은 부족하나 기독교 설교자에게는 모든 청중에게 있는 여러 기본적인 욕구에 대해 통찰력을 제공한다. 이러한 필요를 인식하는 것이 청중을 이해하기 위해 필요하다.

(2) 프레드릭 허츠버그(Fredrick Herzberg)의 필요 이론
매슬로우의 욕구 단계설과 비교해서 허츠버그의 필요 이론은 사람의 욕구를 위생과 동기를 포함하는 훨씬 간단한 두 가지 단계로 본다.[28]

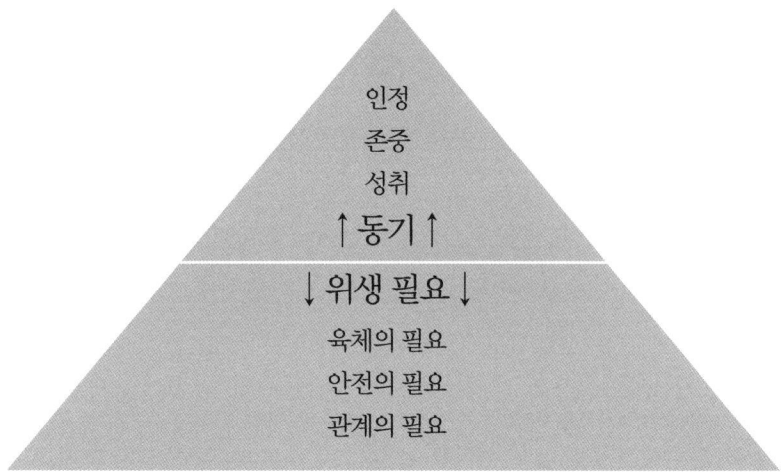

모형3. 프레드릭 허츠버그의 필요 이론

위생 필요는 매슬로우의 첫 3단계와 일치한다. 이 단계들의 성취는 성공적인 삶과 더 큰 영향력을 위한 전제 조건이다. 동기 필요는 매슬

로우의 존경의 욕구, 소속과 사회적 욕구와 일치한다. 이러한 필요들이 충족되면 사람들은 더 큰 성공과 더 많은 개인적인 영향력을 얻게 된다.

필요 이론이 매슬로우의 이론과 다른 점은 개개인마다 동기가 다르다는 것이며, 그렇기 때문에 각 사람의 필요와 동기를 이해해야만 된다는 점이다. 이것이 청중을 한 단체뿐만 아니라 개별적인 필요와 동기가 있는 개개인으로도 분석해야 하는 이유인 것이다. 회중을 사회적 집단이면서 동시에 개개인들의 모임으로 볼 필요가 있다.

대부분의 효과적인 설교자들은 회중을 '그만의 성격을 가진 외곬의 효과적인 독립체'일 뿐만 아니라 '개인들로 이루어진 집단'으로도 본다.[29] 그리고 설교를 통해 그들의 필요들을 전체적이면서도 구체적으로 다루어야 한다. 그러므로 효과적인 설교자는 회중의 단체적인 필요와 회중 개개인의 구체적인 필요 또한 알아야 한다.

(3) 맨프레드 맥스-니프(Manfred A. Max-Neef)의 기본적인 인간 필요 이론

각 단계가 충족되어야만 다음 단계로 진행 할 수 있는 매슬로우의 욕구 단계와 달리 맨프레드 맥스-니프는 기본 인간 필요를 통해 인간 필요의 존재적인 본성을 강조한다.[30] 매슬로우의 접근이 심리학적인 반면에 맥스-니프의 접근은 사회경제적이다. 인간의 필요를 서로 밀접한 관계가 있고 상호작용을 하는 체계로 본다. 욕구라는 단어보다 필요로 분류하고 실존주의 범주인 존재 소유, 행위와 상호작용으로 정의한다.[31]

표 3. 맨플레드 맥스-니프의 기본적인 인간 필요 이론

필요	존재(자질)	소유(사물)	행위(행동)	상호작용
생존	육체적 그리고 정신적 건강	음식, 주거지, 일	먹이다, 입히다, 쉬다, 일하다	생활환경, 사회적 배경
보호	돌봄, 적응력, 자율성	사회적 보장, 건강 보험, 직장	협력, 계획, 돌봄, 도움	사회적 환경 주거지
애정	존경, 유머 감각, 관용, 관능성	우정, 가정, 자연과의 관계	나눔, 돌봄, 사랑, 감정적 표현	사생활, 함께하는 친밀한 공간
이해	분별력, 호기심, 직감	문학, 선생 정책, 교육	분석, 연구, 묵상, 조사	학교, 가정, 대학, 공동체
참여	수용성, 헌신, 유머감각	책임, 의무, 일, 권리	협력, 반대, 의견, 표출	협회, 당, 교회, 지역
여가	상상력, 평온, 자발성	놀이, 파티, 마음의 평안	공상, 기억, 휴식, 희유	풍경, 친밀한 공간, 혼자만의 장소
창조	상상력, 담대함, 창의력, 호기심	능력, 기술, 일, 기법	발명, 건축, 설계, 일, 작곡, 해석	표현할 수 있는 공간, 작업장, 청중
정체성	소속감, 자부심, 일관성	언어, 종교, 일, 관습, 가치관, 규범	자신을 알다, 성장, 헌신하다	개인이 소속한 장소들, 일상적인 배경
자유	자율성, 열정, 자부심, 열린 마음	평등권	반대, 선택, 위험을 무릅쓰다, 의식을 가지다	어디에서나

맥스-니프의 이론은 모든 인류의 문화와 역사적 시대를 막론하고 인간 필요는 변하지 않는다고 본다. 더 나아가 인간의 필요를 서로 얽혀 있는 체계로 이해한다.[32]

또한 각 필요는 다른 단계에서 다른 강도로 충족될 수 있다고 주장한다.

① 자신에 관해(Eigenwelt)
② 사회적 집단에 관해(Mitwelt)
③ 환경에 관해(Umwelt)라는 문맥 속에서 충족된다.³³

이 이론은 사람의 욕구와 필요를 한 단계씩 밟아 올라가는 단순한 과정으로 보지 않고 복합적인 요인들과 다양한 영향 아래에 있다고 본다.

(4) 인지 균형 이론

청중을 이해하는 또 다른 심리 이론은 '인지 균형론'이다. 이것은 사람들이 태도, 관점 그리고 행동에 일관성을 유지하길 원하는 본능적 성향과 강한 욕망을 묘사하는 전문 용어이다. 이 이론은 일상이나 가치관에서 벗어났을 때 심리적으로 불편함을 느껴 결과적으로 인지 균형을 회복하길 원하는 강한 필요를 느낀다고 주장한다.

리핀은 "사람들은 진리를 희생하면서도 정신적인 균형을 갈망하고 그것을 유지하기 위해 노력한다"는 것을 기억하는 것이 설교자에게 도움이 된다고 말한다.

또한, 이 이론은 '선택적 지각'과 연관된다.³⁴ 선택적 지각은 사람들이 자신이 동의하는 메시지만 듣고 그들의 확신과 일치하지 않는 것은 회피하려 한다는 것이다. 사람들이 선택적 지각을 하는 이유는 메시지가 그들의 신념과 반대되는 경우에 내면적 갈등이 일어나 인지 균형을 방해하기 때문이다. 이 갈등을 가장 쉽게 방지하기 위해서 그들은 이미 동의하는 것만 듣기를 선택한다. 이러한 특징은 거의 모든 청중과 회중에게 적용되고 설교를 준비할 때나 설교를 준비할 때 고려해야 하는 점이다.

위와 같은 일반적인 이론들은 일반 청중에게 공통적으로 있는 인간적인 특징들을 부분적으로 설명한다. 또한 청중의 기본 욕구와 기대에 대한 심리 사회적 그림을 좀 더 명확히 그려준다. 하지만 기독교 설교자에게는 이것이 완성된 그림일 수 없다. 기독교 학자들은 설교자들이 유념해야 할 일반 청중의 신학적 공통성들을 제공한다.

2) 신학적 공통점

크리스쳔 설교자인 리핀은 어느 청중에 대해서든 추정할 수 있는 세 가지 신학적인 공통성에 주목한다.

(1) 성경은 인간이 하나님의 형상으로 만들어졌다고 가르친다

① 우리는 이성적인 존재다. 우리는 다른 창조물들과 구별된 단계에서 생각할 수 있다. 우리는 과정들을 추상하고 상징할 수 있다. 이것 없이는 인간 소통은 불가능하다.
② 우리는 의지적인 존재다. 하나님과 같이 우리는 의지를 소유한다. 우리는 선택할 수 있고 또한 우리가 선택하는 것에 대한 책임이 있다.

③ 우리는 도덕적인 존재다. 우리는 양심이 있다. 한 유명한 신학자가 말했듯이, "하나님은 모든 인간에게 도덕적인 본능을 심으셔서 옳고 그름을 알게 하셨다." 그 어떤 다른 창조물도 이 도덕적인 차원을 소유하지 않는다.

④ 우리는 사회적인 존재다. 하나님이 사회적인 존재이듯이(삼위일체에서 볼 수 있다), 하나님은 우리가 사회적 필요를 갖도록 창조하셨다.[35]

(2) 인간은 동시에 육적이고 영적이다

인간은 육적인 필요와 영적인 필요를 가지고 있다. 두 측면은 함께 작용하고 서로 영향을 미치며 구별될 수 없다. 인간을 외면적인 자극에 반응하는 단순한 생물학적 유기체로 여기는 철학적이고 심리학적인 이론들은 이 사실을 인정하지 않는다. 그렇다고 인간 욕구를 심리, 사회적 요소들로 제한시키는 것도 불충분하다. 사람은 충족되어야 할 영적인 필요들이 있다. 성경은 하나님께서 사람을 하나님만이 만족시킬 수 있는 영적인 필요를 가진 영적인 존재로 창조하셨다고 말하고 있다.

(3) 인간 본능은 죄성이다

죄 없는 사람은 아무도 없다. 죄와 타락으로 인해 사람들은 많은 상처와 아픔, 슬픔과 좌절을 겪고 있다. 자신의 힘으로 살아갈 수 있다고 믿고 주장하는 사람들도 있지만 하나님을 알지 못하는 인간의 현실은 아래와 같다.

율법의 기본적인 필요조건인 하나님을 향한 사랑이 전적으로 궁핍하고(신 6:4-5; 마 22:35-38), 하나님보다는 자신을 온전히 우선시하고(딤후 3:4), 하나님에 대한 혐오감 때문에 때때로 그것이 하나님에 대한 적극적인 적대감이 되고(롬 8:7), 그의 모든 기능은 무질서하고 타락했으며(엡 4:18), 하나님이 인정하실 수 있는 생각, 감정 또는 행실이 없고(롬 7:18), 타락의 지속적인 진척의 행렬에 들어갔으며 그것으로부터 자신의 능력으로 돌이킬 수 없다(롬 7:18).[36]

설교자는 이러한 신학적인 공통점들을 기본적으로 인식하면서 기본 인간 욕구에 대한 심리적, 사회적 이해를 결합해야 한다. 하나님이 보시는 그대로 청중을 설교자가 볼 수 있을 때 그 설교자는 그들의 마음 중심을 움직이는 설교를 할 수 있을 것이다. 이 때문에 성경이 인류와 인간에 대해 무엇을 언급하는지 잘 알아야 한다.

3) 회중의 공통점

어떤 청중이든 영적, 심리적, 그리고 사회적 공통점들을 분명히 공유하고 있다. 이와 달리 이 책에서의 가장 적절한 논의는 차이점을 지닌 회중이라는 청중에 대한 것이다. 정치적 성향의 청중이 있는가 하면, 영화 관객들, 유치원 학생들도 청중에 속한다. 청중의 유형은 정말로 각양각색이다.

교회마다 청중이 다르다. 한 교회 내에서도 주일마다 청중이 다를 수 있다.

> 두 설교 상황이 완전히 똑같은 청중을 대상으로 할 수 없다. 이번 주일의 회중이 지난 주일의 사람들과 똑같다 해도 그들의 경험, 태도, 그리고 감정은 다르다. 그러므로 설교자는 설교할 때마다 특정한 청중을 염두에 두고 접근해야 한다. 이것은 그가 설교를 준비할 때마다 청중을 연구해야 한다는 것이다. 그는 하나님의 메시지를 특정한 사람들에게 전하는 것이고, 참된 설교는 그 무리의 성향과 상황을 고려하는 것을 포함한다.[37]

노련한 설교자인 칼빈 밀러(Calvin Miller)와 해돈 로빈슨(Haddon Robinson)은 위의 주장에 동의하는 반면 설득력 있는 설교자가 알아야 하는 회중의 공통적인 필요와 특징들에 대해서 설명하고 있다. 수년간의 경험을 통해 칼빈 밀러는 회중의 공통적인 필요를 세 가지로 분석했다.[38]

첫째, 청중은 성취(성공)하기 위한 조언을 찾는다. 이것은 회중 구성원이 종종 경제적이고 인생에 관련된 이슈들에 대응해야 하며, 성경을 통해서 거룩한 삶을 살 수 있는 실용적이고 구체적인 단계들이 필요하다는 것을 의미한다. 사람들은 이 세상에서 참된 크리스천으로 어떻게 살아가야 하는지 알고 싶어 한다. 그것이 세상 기준으로 성공한 것처럼 보이지 않을지라도 말이다.

둘째, 사람들은 소망을 찾는다. 이것은 회중이 이 세상에 없는 소망을 메시지 속에서 찾아야 하는 필요를 의미한다.

셋째, 청중은 매일의 삶에서 찾을 수 없는 은혜와 신비의 경험을 찾는다. 그는 말한다.

> 설교가 이 세상에 속한 실제적인 일들에 관해서만 다루어질 때, 그들을 돕기에는 종종 제한적일 때가 많다. 그리고 이 세상은 모든 사람들의 삶의 잘못된 부분들을 고치기에는 너무나 부족하다. 사람들은 그들의 삶을 더 나은 세계로 이끌어 줄 수 있는 초월성에 뿌리를 둔 위대한 설교를 듣고 싶어 한다. '탈출구가 없는'(no-exit) 세상의 덫에 걸린 양들을 구원하기 위해 일상의 삶을 넘어 실제적인 세계가 있다는 것을 하나님에 대하여 다루는 설교자는 열정적으로 설교해야 한다.[39]

이 세 가지 공통적인 필요, 즉 성취(성공), 소망, 그리고 은혜와 신비의 경험은 마땅히 성경에 맞추어 조정해야 한다. 이것은 아래의 질문을 할 때 가능하다.[40]

- **성취할 수 있도록 이끌어 주는 힘**: 당신이 이 영역으로 합당하게 방향을 전환할 수 있도록 인도해 주는 성경 본문을 기록하라.
- **소망**: 성경 본문과 당신의 메시지 가운데 당신의 설교를 소망의 메시지로 만드는 부분은 무엇인가?[41]

● 신비: 성경 본문과 당신의 설교는 어떻게 성령의 임재를 초청하고 있으며, 어떻게 당신의 설교가 언어의 차원에서 경건한 만남으로 변화되었는가?

이러한 회중의 공통적인 필요를 인식할 때, 설교자는 이러한 질문들을 고려하며 설교를 준비할 것이고, 하나님의 말씀을 묵상함을 통해 그들의 필요에 더 잘 응할 수 있다.

해돈 로빈슨도 칼빈 밀러와 마찬가지로 모든 청중은 다음과 같은 욕구를 공유한다고 말한다.

① 성도들은 하나님을 만나거나 혹은 하나님으로부터 도망치기를 원한다.
② 성도들은 무언가를 배우기 원한다.
③ 성도들은 웃기를 원한다.
④ 성도들은 중요한 무언가를 느끼길 원한다.
⑤ 성도들은 긍정적인 방법으로 좀 더 잘할 수 있기 위한 동기부여를 받고자 한다.
⑥ 성도들은 목회자가 그들의 고통을 이해하기를 원하며, 자신들이 올바른 일을 행하고자 할 때 갖게 되는 어려움을 목회자가 이해하기를 원한다.[42]

그의 목록 또한 성취의 필요(로빈슨의 2, 4, 5번 질문), 소망의 필요(로빈슨의 3, 6번 질문), 그리고 신비의 필요(로빈슨의 1번 질문)를 다룬다. 그는 이러한 보편적인 필요를 채울 수 있는 가장 적합한 도구는 청중이 공감할 수 있고 참여자가 될 수 있는 이야기와 예화의 사용이라고 한다.[43]

지금까지 심리적, 사회적, 신학적, 그리고 회중으로부터의 관점으로 일반적인 공통점을 살펴보았다. 다음은 효과적인 설교를 위해 구체적인 청중의 특징을 분석해야 한다. 이것은 청중을 유형과 범주로 분석하는 것을 포함한다.

4) 청중의 유형

설교를 하기 전, 청중을 분석할 때에 청중의 반응이 다양하다는 것을 알고 있어야 한다. 청중의 다양성을 파악하는 것이 청중 맞춤 설교에 효과적이다. 비브와 비브는 여섯 종류의 청중을 묘사하고 그에 따라 어떻게 맞춰야 하는지 제안한다.[44]

표 4. 청중의 유형과 그들에게 맞추는 방법

청중의 유형	어떻게 맞추는가?
관심이 있는	연설 초기에 청중의 관심을 인정하라. 그들이 당신과 당신의 주제에 대해 가지고 있는 관심을 사용해 그들의 주목을 끌고 유지하라.
관심이 없는	당신의 메시지가 청중에게 흥미 있을지를 말해 주는 것이 최우선순위다. 연설하는 동안 내내 당신의 메시지가 그들의 삶에 어떻게 연관되는지 상기시켜라.
호의적인	청중의 관심을 사용해 그들을 당신의 연설 목적으로 이끌어라. 당신 연설의 결론에서 당신이 그들이 무엇을 했으

	면 좋겠는지에 대해 더 솔직할 수도 있다.
호의적이지 않은	당신이 성취하고자 하는 것에 대해 현실적이어야 한다. 그들과 반대되는 관점을 인정하라. 그들이 가질 수 있는 오해를 반박할 수 있는 사실을 사용하라.
자발적인	그들이 왜 당신의 말을 듣기 위해 오는지 예측하고, 그들이 다루기 원하는 이슈들에 대해 말하라.
사로잡힌	당신 청중에 누가 있을지 알아보고 이 지식으로 당신의 메시지를 그들에게 맞추라.

일반적으로 회중은 설교에 항상 관심이 있고 호의적이며 사로잡혀 있지 않다. 아마도 위의 여섯 종류가 다 섞여 있을 가능성이 높다. 설교자가 위의 모든 청중 유형에 맞춘다는 것은 거의 불가능하다. 그래도 중요한 것은 여섯 종류 모두가 존재한다는 것이고 설교자는 설교하는 동안 그들을 여러 관점에서 인식하고 배려하려는 노력을 해야 한다는 것이다. 단체에게 설교한다고 단체와 다른 개인들을 무시할 수 있는 것은 아니다. 효과적인 설교자는 다른 사람들에 대비하여 언제나 그들을 파악하고 그들의 유형과 수준에 따라 맞출 준비가 되어 있어야 한다.

2. 청중 분석의 범주

설교자가 특정한 청중을 이해하기 위해선 다음의 세 가지 분석을 수행해야 한다. 인구학적, 심리학적, 그리고 상황적 분석이다. 인구학적 분석은 청중의 나이, 인종, 성, 사회적이며 경제적인 위치, 그리고 종교적인 견해를 포함한다. 심리학적 분석은 청중의 관심, 태도, 신념, 그리고 듣는 사람들의 가치관을 연구한다. 설교자는 이러한 범주를 주의하는 것이 지혜롭다. 왜냐하면 그것이 개인들의 정체성과 경험을 드러내기 때문이다.[45] 상황적인 청중 분석은 시간과 장소, 청중 크기, 그리고 상황을 포함한다. 설교 환경을 미리 알아 두는 것은 설교자가 적절한 맞춤 설교를 하고 불필요한 불안함을 최소화 시키는 데 도움이 된다.[46]

문화적 분석의 필요는 갈수록 중요해지고 있다. 비브와 비브는 여러 문화적 가치관과 특징을 묘사하고 적응하는 방법을 제시한다.[47]

표 5. 문화적 차이의 묘사와 적응 방법

문화적 가치관	문화적 특징	문화적 특징에 적응하는 방법
개인주의	개인적인 성취가 그룹 성취보다 더 강조됨	개인적인 보상과 인정의 중요성을 강조하라. 당신의 아이디어나 제안이 청중 구성원들에게 어떤 혜택이 있을지 보여 주라.
집단주의	단체 또는 팀 성취가 개인의 성취보다 더 강조됨	지역사회의 가치관의 중요성을 강조하라. 청중 구성원들의 체면을 지켜 주고 긍정적인 인상을 주어라.
상위 컨텍스트	말보다 메시지의 문맥과 비언어적 암시, 목소리 톤, 포즈, 그리고 얼굴 표정이 더 강조된다.	개인의 구체적인 성취에 대해 자랑하지 말라. 좀 더 미묘하고, 덜 드라마틱한 전달 방식을 사용하라.

하위 컨텍스트	주위 문맥보다 메시지 속의 말이 더 강조된다.	당신의 아이디어와 제안들을 분명히 하라. 전달 암시가 중요하지만 청중은 당신의 메시지가 알아듣기 쉬울 것을 예상한다.
불확실성에 대한 관용	사람들은 애매성을 받아들이고 자세한 것을 몰라도 신경 쓰지 않는다.	당신 설교에 제시되는 문제에 대해 구체적인 해답을 주는 것이 그다지 중요하지 않다. 설교의 목적이 확실히 설명되지 않아도 된다.
확실성의 필요	사람들은 구체적인 것을 원하고 애매한 것은 싫어한다.	당신의 설교에 대한 분명한 개요를 제공하라. 당신의 설교를 위해 논리적이고 명백한 구조의 양식을 만들라.
권력 중심적	신분과 권력 차이가 강조된다. 역할과 명령 계통이 분명히 정해져 있다.	청중은 지도자의 직위에 있는 사람들을 영향력 있고 신뢰할 수 있다고 본다는 것을 기억하라. 사람들 간의 신분의 차이를 인정하는 메시지를 개발하라.
권력중심적이지 않는	신분과 권력 차이가 덜 강조된다. 사람들은 지도자의 직분에 있는 사람들을 높이기보다는 평등해지려고 노력한다.	통치와 지도력에 대한 공유된 접근을 논하라. 의견이 일치하는 과정에 다른 사람들을 포함한 해결책을 개발하라.
장기적인 시간 개념	시간은 풍부하고 목적을 이루기 위해서는 상당한 시간이 필요하다.	청중의 끈기, 인내, 그리고 지연된 만족에 호소하라. 아이디어와 제안들이 장래 세대에 어떤 혜택을 줄지 강조하라.

단기적인 시간 개념	시간은 중요한 자원이다.	당신의 아이디어와 제안이 청중에게 어떤 즉각적인 영향을 미칠지 찾으라. 행동이 결과를 성취하는 데 주는 직접적인 영향을 보여주라.

한국은 문화적으로나 역사적으로 단일 문화라고 볼 수 있다. 최근에는 국제결혼과 외국인 근로자들이 많아져 다문화적인 측면이 많아지고 있지만 아직까지는 단일 문화에 가깝다고 볼 수 있다. 비록 한국이 단일 문화라고 할지라도 지방마다 고유의 언어, 문화, 정서, 그리고 정치적인 색깔이 존재한다. 설교자가 본인과 다른 지방의 청중들에게 설교할 때, 그 지방의 특성들을 무시하는 것은 결코 지혜로운 선택이 아닐 것이다.

한 분석에 따르면, 한국문화는 집단적이고 상위 컨텍스트 문화(상위 컨텍스트는 의사소통 과정에서 메시지의 상황이 말보다 더 중요시된다)라고 볼 수 있다. 이러한 청중의 문화에 맞추기 위해서는 개인적인 가치보다는 공동체의 가치관을 강조하고, 언어적인 것보다 상황 판단을 빨리해야 한다.[48]

한국 상황 안에서는 그 외의 다른 요소들을 단정하기가 어렵고, 청중의 나이에 따라 달라질 수 있다고 본다. 이처럼 단일 문화 속에서도 서로 다른 다양한 문화적인 요소들이 작용할 수 있다.

다문화적 소통의 주제를 목회적 관점으로 다룬 릭 리차드슨(Rick Richardson)은 다음과 같은 질문을 설교 준비 과정의 지침으로 사용할 것을 제시한다.[49]

① 청중이 시간을 존중하는가, 아니면 경우를 중요시하는가?
② 청중이 관계 지향적인가, 아니면 과업 지향적인가?
③ 청중이 자신의 직함과 위신을 명예롭게 여기는가, 아니면 자신이 이룩한 업적과 경험을 명예롭게 여기는가?
④ 청중이 신성하게 여기는 것은 무엇인가?
⑤ 청중의 기분을 상하게 할 수 있는 행동이나 의상은 무엇인가?
⑥ 청중은 여성 사역에 대해 어떻게 생각하는가?

이 질문들은 민족, 문화, 그리고 종교와 상관없이 적용될 수 있다. 간단하게 말하자면, 좋든 싫든 "인구학은 기독교 수용성에 있어서 우리가 인정하고 싶은 것보다 더 중요한 역할을 한다."[50] 이것은 크리스천들이 서로 다른 지역과 종교적 배경으로부터 오고 그들과 관련된 영적 그리고 정치적 이슈들에 대해 다른 신념을 가지고 있기 때문이다. 청중의 특성에 대한 자료를 수집하면서 유념해야 할 것은 분석의 목표는 청중 맞춤이라는 것이다.

비브와 비브는 일반 이론가로서 청중에 대한 영적 분석을 언급하지 않았지만, 리핀은 청중의 신념 체계를 "나의 메시지의 주제에 대한 청중의 태도는 무엇인가?"라는 질문으로 분석할 수 있다고 제시한다.[51] 청중의 반응은 지원적, 의심적, 적대적, 무관심한, 유식한, 무식한 또는 냉담한 분류로 나눌 수 있다. 이러한 반응은 꼭 분리되어 있지 않고 겹칠 수도 있다. 신념 체계를 묘사하기는 결코 쉽지 않다. 청중이 어떻게 생각하고 느끼는지에 대한 사려 깊은 분석은 잘 알려진 것을 바탕으로 한 추측과 추론이지만, 직감적인 추측과 추론에 바탕을 둔 청중을 이해

하려는 중요한 부분이다.[52]

인구학, 사회경제학, 상황, 문화, 그리고 영적 분석에 이어서 기독교 전달자에게는 동기 분석과 수용성의 범위 또한 중요하다.[53] 이 두 가지 분석은 인구학적 조사처럼 명백하게 드러나지 않는다. 설교 이전 또는 설교 중에 청중의 동기를 분석하는 방법은 확정된 것이 아니고 수년의 훈련이 필요할 수도 있다. 이러한 분석은 설교를 시작하기 전의 순간과 시작하는 순간에 가능하다. 어쩌면 이 몇 분 사이에 앞서 했던 모든 연구보다 더 많은 분석을 할 수도 있다.[54] 수용성의 범위를 분석하는 것은 필수적이다. 왜냐하면 사람들은 다양한 인생의 경험을 체험했기 때문이다. 설교자의 의도와는 달리 그들의 준거 틀이 설교자가 전달하려는 것을 결정한다.[55] 좀 더 정확한 분석을 통해 설교자는 더 명확하고 더 효과적인 소통을 할 수 있다.

구체적인 청중을 분석하는 것은 간단한 작업이 아니다. 여러 유형과 분석 범주를 수반하기 때문이다. 하지만 청중을 여러 수준에서 분석하는 것이 회중의 구체적인 필요와 특징을 밝히는 데 더 많은 도움이 될 것이다.

3. 청중 분석의 방법

수집해야 할 정보가 다양한 만큼, 분석 방법 또한 다채롭다. 설교자의 목적에 적합한 최선의 방법을 하나로 단정 지어 말하기는 어렵지만 설교자는 다양한 방법들을 알고 있어야 한다. 또한 필요에 따라 적절한 다른 방법을 사용할 수 있어야 한다. 정보 수집을 위한 방법들은 비공식적 또는 공식적인 방법으로 나눌 수 있다.

1) 청중 분석의 비공식적 방법들

비공식적 분석의 기본 자세는 회중에게 귀를 기울이는 것이다. "소통의 설교는 양방향의 과정이다. 말하는 것과 듣는 것은 필수 요소이다. 그야말로 주의 깊은 경청 없이는 효과적인 설교를 할 수 없다"[56]라는 말이 있다. 공식적인 청중 분석만큼이나 중요하다.

윌리엄 윌리먼(William H. Willimon)은 회중에게 귀 기울이는 것의 중요성에 대해 말한다.

> 특히 어려운 것은 나 자신을 성도들 앞에 내려놓는 것이다. 그들이 나에게 오기보다는 내가 그들에게 가고, 나의 영역보다 그들의 영역에서 만나 주는 것이다. 경청의 어려움이라는 똑같은 어려움이 좋은 설교의 중심에 있다. 귀를 기울인다는 것은 −설교가 요구하는 깊고 세심한, 방어하지 않는, 친밀한 귀 기울임−겸손하고, 인내하고, 지속적인 경청에서부터 비롯된다. 회중은 먼저 경청한 사람의 말을 듣게 된다.[57]

설교자는 여러 사역 현장에서 상담자, 행정인, 선생, 그리고 섬기는 지도자로 회중을 경청하면서 얻은 경험을 설교에 활용할 수 있다. 마찬가지로, 엘리자베스 악트마이어(Elizabeth Achtemeier)는 설교자의 석의

가 완전하기 위해서는 경청이 필요하다고 말한다.

> 회중의 상태를 알고 석의한 대로 본문을 듣고, 그 상태에서 전하는 것이다. 구성원들의 집과 그들의 병실을 방문하고, 그들의 대화를 들으며, 위원회 회의 때 그들의 논평을 유념하며 상담하고, 교회 저녁식사에 참여하고, 회중 활동의 모든 형태에 참여하는 이런 것들이 소중한 석의적 기회들이다. 그것을 통해 기민한 설교자들은 그의 사람들에 대해 배운다.[58]

경청이 몸에 이미 배어 있거나 부단히 노력을 하고 있다면 이제 청중 분석의 비공식적인 방법들을 더욱 효과적으로 사용할 수 있을 것이다. 가장 첫 단계는 청중 구성원들과 함께 자연스럽게 대화하거나 그들을 관찰하면서 정보를 수집하는 것이다. 나이, 성별, 교육 수준과 같은 청중의 특징에 관한 정보는 쉽게 파악할 수 있다. 또한 설교자는 성도들의 영적 성숙도를 파악하기 위해서 교회 구성원들과 일상적인 시간을 보낼 것을 권한다.

비공식적인 현장은 대화를 유도하고 마음을 터놓게 한다. 식사를 같이 하거나, 가정 심방이나 주일 예배 후에 친교 시간을 갖는 것이 좋은 예이다.

필자의 부모님은 50년 동안 목회를 잘 하셨다. 비결이 있다면 지금까지도 사람들을 집에 초대하시고 잘 대접하신다. 특히 어머니는 몸이 아프시더라도 손님이 오시면 자다가도 벌떡 일어나서 대접하신다. 아버지도 같이 하신다. 그분들은 마땅히 그렇게 해야 한다고 생각하셨다.

주일예배 후 식사를 대접하며 섬길 때 성도들이 더 사랑을 느끼고 여러 이야기들을 부모님께 함으로 성도들과 친근하게 지내셨다.

영적 성숙도를 살필 수 있는 또 다른 방법은 교회 지도자들과 시간을 보내는 것이다. 그들의 성숙 정도가 교회의 영적 상태를 나타낼 수 있다. 교회의 장로, 권사와 안수집사와 같은 평신도 지도자들은 설교자보다도 성도들을 잘 알고 있기 때문에 설교 준비에 필요한 청중에 대한 중요한 통찰력과 청중의 필요를 설교자에게 제시해 줄 수 있다.[59]

미국에서 사역할 때의 일이다. 교회에 처음 부임하자마자 교회가 어려움을 겪었다. 그래서 담임목사님이 필자에게 주일 설교를 부탁하셨다. 30대 중반의 목회자로서 열정을 가지고 요한일서 4:1-17에 근거하여 "하나님의 사랑이 넘치는 교회"라는 제목으로 뜨겁게 설교했다.

전날 설교 준비를 하면서 순교자 손양원 목사님에 대한 예화를 결론에 넣었고, 손 목사님의 죽기까지 영혼들을 사랑하는 마음에서 감동을 느꼈다. 특히 나병 환자들을 사랑하는 대목에서 나도 그렇게 살아야겠다는 마음을 먹었다. 그 다음 날 주일 오전 1부 예배를 마치고 많은 분들이 격려해 주셨다. 힘을 얻어서 2부 예배 설교를 하려는데 그 교회의 중직자 한 분이 나를 불렀다. 결론부터 말하자면 그 중직자는 나를 한 시간 동안 앉혀 놓고 훈계를 했다. '왜 설교가 그러냐, 어떻게 담임목사님이 계시는데 부목사가 목회자 예화를 쓸 수 있냐' 등의 이유였다. 그리고 나서 겨우 마음을 추스르고 어떻게 끝났는지도 모르게 주일 2부 설교를 마쳤다.

그리고 6개월이 지난 후 그 중직자의 가정사를 한 권사님과의 자연스러운 대화를 통해 알게 되었다. 그 중직자의 어머니가 나병 환자였다. 그래서 그분을 이해하게 되었다. 아무것도 모르는 젊은 설교자를 왜 그렇게 힘들게 했는지 그분의 아픔을 알고 이해하게 되었다. 그 대화가 없었다면 지금까지 미스터리로 남았을지도 모르겠다. 이와 같이 아무리 열심과 열정을 다한 설교라도 청중에 대한 이해 없이는 의도하지 않은 상처만을 남길 수가 있다. 비공식적인 대화는 설교에 직접적인 영향을 주며 청중을 파악하는 자연스러운 첫 단계가 될 수 있다. 다만 청중을 향한 지속적인 관심과 교제가 전제되어야 한다.

교회사를 연구하는 것도 교인들의 영적 기후에 대한 정보 수집을 할 수 있는 좋은 방법이다. 각 교회마다 그 지역의 문화와 종교적 관례에 따라 특유의 영적인 역사와 기후가 있다. 이를 통해 과거에 어떠한 영적 문제들이 되풀이 되었는지 살펴볼 수 있다.

"교회가 어떤 논란과 문제로 어려움을 겪었나? 교회 기록은 무엇을 나타내는가? 최근에 교회는 어려움을 어떻게 처리했나?"[60]와 같은 질문은 현재 교회의 상태를 말해 준다. 회중의 영적인 상태를 알면 설교자는 설교 준비를 할 때 그들의 필요를 다룰 수 있고, 회중의 영적인 성숙함에 따라 메시지를 맞출 수 있다. 요한계시록의 일곱 교회에게 보낸 서신서들과 같이 각 교회마다 그 교회만의 영적인 기후가 있고, 그에 따른 정확하고 구체적인 설교를 할 때 효과적인 영적 성숙이 있을 것이다. 설교자는 효과적인 설교를 하기 위해 교회의 영적 상태를 판단해야 한다.

크리스천 설교 전문가인 퀜틴 슐츠(Quentin Schultze)는 준비 과정의 일부로 청중에 대한 1차와 2차 연구를 실시할 것을 제안한다. 즉흥적인 설교를 제외하고는 청중 연구는 설득, 교육, 그리고 그 외의 모든 설교 준비에서 필수적이다.

1차 연구는 '권위자들과 청중에게 바로 연결되는 직접적인 경청'이다.[61] 예를 들어 청소년 행사를 위한 설교를 위해서 설교자는 청소년 모임의 구성원들과 만나 설교 본문에 대한 그들의 신념과 지식을 들어보고 알아내야 한다. 슐츠는 말한다.

> 때로는 가장 중요한 1차 자원은 우리 자신이다. 우리 삶의 경험은 종종 기본적인 정보의 중요한 근원을 묘사한다. 때문에 우리는 우리 자신에게 경청하고 우리의 과거 그리고 현재의 경험으로부터 배워야 할 것이다.[62]

2차 연구는 '권위자들과 예상되는 청중이 주제에 대해 결론지은 것'을 의미한다.[63] 자료는 대중적이거나 학문적이다. 대중적 자료는 라디오와 텔레비전 프로그램과 같은 대중매체를 통해 수집한 자료, 신문과 잡지, 그리고 대중문학의 기사를 포함한다. 학문적 자료는 학술 잡지와 학문적 출판물에서 찾을 수 있다. 슐츠는 설교를 잘하기 위해선 잘 들어야 한다고 한다.

> 수직, 수평, 그리고 내면적 경청은 우리의 청중과 이웃을 우리와 같이 사랑할 수 있도록 도와준다. 모든 이에게 모든 것이 될 수 있도록 하는 이러한 경청 없이는 우리가 다른 사람들을 섬긴다는 것은 기대하기 어렵다.[64]

비슷한 맥락으로 목회 사역의 권위자인 제이 아담스는 충성된 목회자는 3가지 회중 분석 방법을 설교 준비 과정의 한 부분으로 사용할 수 있다고 말한다. 즉 비공식적인 접촉, 상담 접촉, 그리고 공식적인 접촉이다.[65]

첫째, 비공식적 접촉은 설교 준비를 할 때 서재에만 있기보다는 회중 구성원들과 비공식적인 배경에서 자유롭게 소통하는 것을 의미한다. 그는 말한다.

> 성도들과 나눈 수많은 대화들(그것이 일이든 취미든)과 시간들은 앞으로의 설교에 아주 중요한 자료가 될 수 있을 것이다. 설교자가 주의할 것은 성도들의 일부와만 접촉하지 말고 다수의 성도들을(그리고 언젠가는 모두를) 만나야 한다는 점이다. 그렇지 않으면 그는 비전형적인 소수의 성도 유형에 제한되어 왜곡된 그림을 그리게 될 것이다.[66]

둘째, 전문 상담가로서 피터 아담(Peter Adam)은 상담을 설교의 필수적이고 동등한 부분으로 여기고 회중을 분석하는 데 유익한 방법으로 본다. 이것은 비공식적이고도 공식적인 분석 방법이라고 할 수 있다. 그는 다음과 같이 말한다.

> 상담하지 않는 설교자는 큰 실수를 범하는 것이다. 목사와 교사의 이중 임무를 수행하는 것을 실패하는 것뿐만 아니라, 그의 가르침도 피해를 보게 된다.[67]

회중의 개인들을 상담하면서, 목사는 설교를 통해 그들의 필요를 다룰 수 있을 뿐만 아니라 다른 사람들을 동일한 문제로부터 예방할 수도 있다. "그가 참으로 목회적 설교자, 즉 무리의 필요를 채우고 양들에게 개인적인 관심을 주는 사람이 아니라면 그는 설교를 잘 할 수 없다."[68]

지금까지 살펴본 비공식적인 청중 분석 영역은 한국의 목회자들의 강점이자 장점이라고 생각한다. 외국과는 달리 새벽 예배, 수요 예배, 금요 철야 예배, 각종 교회 행사와 심방 목회를 통해 성도들을 만나고 상담할 기회가 주어진다. 다만 중요한 것은 만남의 양(quantity)과 질(quality)이 같이 가야 한다는 것이다. 사역의 쓰나미에 휩쓸리지 않고 한 영혼의 신음에도 경청하는 마음의 자세로 임하는 목회자가 바로 주님이 기뻐하시는 목자이기 때문이다. 비공식적인 방법만으로도 설교에 도움이 되겠지만 설교자는 청중을 사로잡는 설교를 위해 부단히 노력해야 하기에 한국에서는 다소 생소할 수도 있는 공식적인 청중 분석들을 소개하고자 한다.

2) 청중 분석의 공식적인 방법들

공식적인 정보 수집 방법은 비공식적인 방법들보다 조금 더 많은 시간과 에너지를 필요로 한다. 실지 답사(조사), 질문지, 통계적인 연구와 같은 형태로 실행할 수 있다. 비브와 비브는 대중 연설자를 위해 아래와 같은 정보 수집과 청중 맞춤을 체계적으로 제시하고 있다.[69]

표 6. 청중 맞춤 설교를 할 때 고려해야 하는 청중의 특성들

청중 특징	당신의 청중에 맞추기 위한 계획/전략
인구학적 특징 나이대: 평균 나이: 여성 비율: 남성 비율: 교육 배경: 소속: 사회경제적 신분:	
심리학적 특징 나의 주제에 대한 태도: 나의 주제에 대한 확신: 일반적인 청중 가치관:	
상황 분석 설교 시간: 청중 사이즈: 설교 장소: 설교 이유 또는 경우:	
문화적 분석 개인주의 대 집단주의 상위 컨텍스트 문화 대 하위 컨텍스트 문화 불확실성에 대한 관용 대 확실성의 필요 권력 중심 대 그렇지 않은 문화 장기적인 시간 개념 대 단기적인 시간 개념 문화	

해돈 로빈슨은 돈 스누키안이 제시한 인생 상황 표를 설교 준비할 때 사용할 것을 권한다. 이 방법은 비브와 비브의 방법보다 더 간략하게 청중을 살펴보는 데 적합하다. 상단 가로줄 방향으로는 성별과, 미혼, 기혼, 이혼과 같은 삶의 모습들을 적고 좌측 세로줄 방향으로는 나이(청소년, 청년, 중년, 장년), 직업(실업 상태, 자영업, 직장인, 경영진 등), 믿음의 정도(헌신된 기독교인, 회의론자, 냉소적인 사람, 무신론자)와 같은 항목들을 적는다. 그리고 빈칸에 몇몇 사람들의 구체적인 이름을 적어 넣는다. 설교를 하면서 대상으로 삼고 있는 회중과 그 공동체에 토대를 두고 아래와 같은 도표를 작성한다.[70]

표7. 인생 상황 표

	남	여	싱글	이혼	동거
나이별 청소년 청장년 중년 노년					
직업 무직 자영업자 노동자 경영자					

믿음의 단계 헌신된 크리스천 의심 있는자 냉소자 무신론자					
병자 건강한 사람					

조사나 설문지는 몇몇 청중 샘플을 선정하여 그들의 특성과 필요를 파악하는 것이다. 이에 반해 연구는 많은 정보를 오랜 시간 동안 수집하는 것이다. 종종 설교에 대한 회중의 즉각적인 피드백을 얻기 위해 설교 조사도 사용된다.

제이 아담스는 앞에 소개된 비공식적인 청중 분석 방법보다 회중을 더 깊이 이해하기 위한 체계적이고 공식적인 분석 방법을 제시한다. 그의 이러한 공식적인 분석 방법은 비공식적인 분석 방법을 보완하기 위해 필요한 과정으로 보인다. 제이 아담스는 특히 새로 부임한 목사일 경우 지난 3년간의 설교를 분석을 할 것을 제안한다. 이러한 초기 분석을 통해 회중이 어떠한 영적 식사를 했는지 파악할 수 있게 되고 목사가 균형 잡힌 영적 식사를 준비하도록 도와준다. 또한 6개월마다 설교 프로그램에 대한 주기적인 점검을 수행해야 한다. 회중에 대한 더 깊은 분석을 하기 위해 다음과 같은 단계들을 설명하고 있다.[71]

① 지난 6개월 간의 상담 노트를 재검토하라. 표면에 나타나는 패턴이나 필요를 찾으라.

② 회중을 대표하는 그룹과 만나라. 상황에 대한 그들의 관점을 수집하고 패턴과 우려들을 평가하라.
③ 장로들과 만나서 분석의 결과를 논의함으로 그들의 조언을 얻고 회중의 상태를 더 깊이 파악하라.
④ 한 사람씩 기도해 주면서 그들이 나머지 6개월 동안 설교를 통해 무엇이 필요할지 생각해 보라.
⑤ 모든 것을 문서로 남기라.
⑥ 이 단계들을 6개월 뒤에 반복하라.

이러한 공식적인 분석은 전형적인 방식인 조사와 설문지를 사용하지 않는다. 회중과 그들의 영적 수준에 대한 연장된 연구에 가깝다. 분석 과정 동안은 목사와 회중의 상호적인 관계와 투자가 영향을 미친다. 많은 수고가 들지만, 그 만큼 회중을 더 잘 알고 더 효과적으로 설교를 할 수 있도록 도와주는 방법이기도 하다.

이 방법을 처음 접하는 설교자들은 부담스러울 수도 있다. 그러한 설교자들을 위해, 칼빈 밀러(Calvin Miller)는 설교자들이 설교 준비 과정에 사용할 수 있는 간략한 청중 분석 목록을 아래와 같이 제시하고 있다.[72]

① 우리는 어떤 점에서 비슷한가?
   a. 청중이 어느 지역(동네)에서 왔는가?
   b. 그들이 속한 교단은 어디인가?
   혹은 그들이 어떤 교단에서 수년 동안 양육 받아 왔는가?
   c. 우리가 나눌 공통의 교리는 무엇인가?

d. 우리가 서로 존중해야 할 중요한 차이점들은 무엇인가?
　　e. 나와 비교할 때 청중들의 평균적 나이는 어떠한가?
② 우리는 어떤 점에서 다른가?
　　성별, 혼인 관계 유무, 교육적 배경, 직업, 영적인 혹은 경제적 필요에서 어떻게 다른가?
③ 따뜻한 마음을 느끼도록 하기 위해 '설교 전에 해야 할 설교'에서 내가 할 수 있는 것과 할 수 있는 말은 무엇인가?
④ 내가 이미 해 둔 청중 분석의 어떤 부분들에 관해서 변경할 필요가 있는가?

그는 "설교자가 해야 할 첫 번째 일은 청중을 있는 그대로 보는 것"이라고 말한다.[73]
　다음은 분석을 위한 질문이다.
"거기 누가 있는가?"
"그들은 무엇을 믿는가?"
"그들은 하나님에 대해 무엇을 아는가?"
"그들 자신을 받아들이도록 청중을 어떻게 도와 줄 수 있는가?"
　위와 같은 질문으로 요약된다. 그는 제이 아담스와 같이 이러한 질문들에 대답하기 위해서는 비공식적이고 공식적 분석 방법 모두를 사용해야 한다고 말한다. 그 둘은 서로 보완되기 때문이다.
　청중 분석에 포괄적인 크리스천 접근법을 한 키이스 윌하이트(Keith Willhite)는 청중 분석은 설교 목적을 유념한 일반적, 신학적, 심리학적, 그리고 통계학적 분석을 포함해야 한다고 진술한다. 그의 책 『관련성 있는 설교』(*Preaching with Relevance*)에서 청중 분석을 위한 방법들을 자세히 언급하고 있다. 초대 강사로 설교할 경우 그는 이 방법을 간단히 사용하고 일상적인 회중에게 설교할 경우에는 적어도 일 년에 한 번은 이 방법을 사용하여 청중 맞춤 설교를 할 것을 권고한다. 청중 분석의 첫 단계는 청중의 일반적인 분석이다.[74]

① 일반적인 분석을 계획하라. 이것은 여러 전국 조사와 사회적, 문화적 연구들을 살펴보는 것을 포함한다.
② 현지 분석을 계획하라. 이것은 현지 시청을 방문하거나 현지 정보를 얻기 위해 인터넷을 사용하는 것을 포함한다.
③ 구체적인 분석을 계획하라. 이것은 설교 조사, 설문지, 개인적인 관찰, 비공식적인 대화 등을 통해 이루어 질 수 있다.
④ 당신의 청중에 대해 배우고 사랑하라.
⑤ 당신의 청중을 위해 기도하라. 이것은 청중의 기도 제목을 가지고 정기적으로 그들을 위해 기도하는 것을 포함한다.

그리고 윌하이트는 설교 준비 과정 중에 청중 분석을 할 때에는 준비를 잠시 중단하고 청중을 상상하며 비어 있는 자리도 걸어 보며 기도할 것을 권한다. 신학적 분석은 청중의 영적 상태와 그들의 영적 갈망을 퍼센트로 아래와 같이 분석할 수 있다.[75]

① 당신의 청중의 영적 상태를 파악하라.

　불신자

　　___% 하나님의 나라에서 멀다(조금 관심이 있다).

　　___% 하나님의 나라로 오고 있다(하나님 나라를 추구하는 사람들).

　　___% 하나님의 나라에 가깝다(하나님 나라를 숙고하는 사람들).

　신자

　___% 미성숙하거나 세속적이다.

　___% 미성숙하지만 성장하고 있다.

　___% 성장하고 있지만 침체된 상태이다.

　___% 지속적으로 성장하고 있다.

② 당신의 청중의 영적 갈망을 파악하라.

　___% 초월하고 싶은 갈망을 가진 청중(존재성을 위한 욕구)

　___% 행동하고 싶은 갈망을 가진 청중(실천하고 싶은 욕구)

　___% 커뮤니티에 대한 갈망을 가진 청중(소속감을 위한 욕구)

심리학적 분석은 다음과 같은 질문을 포함한다.[76]

① 청중은 어떻게 생각(사고 과정)하는가?
　정보를 어떻게 정리하는가?
　청중은 다음과 같은 반성적 사고를 따르고 있는가?

a. 느낀 욕구나 어려움을 인식한다.

　　b. 문제를 정의한다.

　　c. 자료를 수집하고 분석 한다.

　　d. 대안적인 문제 해결책을 제시한다.

　　e. 해결책을 위한 기준을 인식한다.

　　f. 해결책을 선택한다. 청중은 이 과정을 잘 따라가는가? 이와 다른 '사고' 과정을 따르는가? (권위, 전통, 자발성, 논리와 감정, 개인적인 진술, 등)

② 청중은 어떻게 느끼는가(경험을 체험하는가)?
③ 청중은 어떻게 행동하는가(여러 선택에서 고르는가)?
④ 청중의 패러다임을 파악하라.

　　a. 청중의 태도는 무엇인가? (태도는 "당신은 그것에 대해 어떻게 생각하고, 느끼고, 행동 하는가?"라는 질문에 답한다)

　　b. 청중의 확신은 무엇인가? (신념은 "당신은 그것에 대해 얼마나 강하게 생각하고 느끼고 행동하는가? 또는 당신은 무엇을 받아들이는가?"라는 질문에 답한다)

　　c. 청중의 가치관은 무엇인가? (가치관은 "당신은 무엇을 소중히 여기는가?"라는 질문에 답한다)

비브와 비브가 제시한 일반적이며 인구학적인 분석과 더불어 월하이트는 다음의 요소들도 퍼센트로 분석할 것을 제시한다. 교회로부터의 거리, 인종, 직장, 결혼여부, 정치적 견해, 크리스천으로서 살아온 삶, 교회 출석 기간, 그리고 교단 배경이다. 마지막으로, 윌하이트는 목적 지향적인 분석을 위해 아래와 같은 질문들을 제시한다.[77]

① 청중 중에 '적대적인' 멤버가 있는가?
 (논쟁적인 특성이 있거나, 기독교를 부정적으로 생각하는 멤버가 있는가?)
 아니면 청중 중에 이 설교의 목적에 대해 '적대적인' 감정이 있는 사람이 있는가?
 그렇다면 왜인가?
② 이전의 설교에 대해 청중으로부터 어떠한 피드백을 받았나?
③ 이 청중을 위해서 설교 시간이 어느 정도 되어야 하나?
 (설교 길이가 중요한 이슈인가?)
④ 이 청중에게 전해진 지난 설교들이 일반적으로 어떠했는가?
 (긍정적, 부정적, 교정 충고식, 격려하는, 동기부여의, 교훈적인가?)
 지난 설교들이 앞으로의 설교들에 어떠한 영향을 미칠 수 있는가?
⑤ 사역을 약화시키거나 영향을 미칠 만한 중요한 '이슈'들이 있는가? (분열, 해결되지 않은 긴장, 경제적인 염려, 설교자와 청중 사이의 긴장 상태 등)
⑥ 이 청중으로 하여금 설교 주제에 관심을 갖게 할 수 있는 것은 무엇인가?
⑦ 이 청중이 어떠한 방식으로 설교의 구성(구조와 윤곽)을 만드는가?
⑧ 이 청중에게 설교하기 전에는 전혀 알 수 없는 것은?
⑨ 당신이 이 청중에게 이 환경에서 설교하는 것은 무엇이 좋은가?

⑩ 당신이 이 청중에게 이 환경에서 설교하는 것은 어떤 점이 좋지 않은가?

월하이트가 제시하는 분석 과정을 모두 완성하는 것은 많은 시간과 노력, 의지가 필요하다. 회중의 많고 적음에 따라 설교자 홀로 감당하기에 한계가 있고 팀을 이루어 접근할 필요도 있다. 분석 대상인 청중도 사전 교육이 필요할 것이다. 여러 난관들을 헤쳐 나가는 과정을 통해 창의적이면서도 교회에 적합한 교회만의 청중 분석 방법을 찾아나갈 수 있을 것이다. 무엇보다도 이 방법의 장점은 '종합적'이라는 것이다.

월하이트의 분석 방법은 비공식적이며 공식적인 방법을 포함하며, 일반적이고 구체적인 청중 분석, 그리고 심리적, 인구학적, 설교 목적의 분석까지 포함한다. 여러 단계와 여러 면에서 청중을 분석하면서 그들의 필요와 특징을 더욱 명확하게 파악할 수 있을 것이고, 궁극적으로는 더욱 효과 있는 청중 맞춤 설교를 하게 될 것이다.

청중 분석의 목표는 분석에 그치는 것이 아니라 언제까지나 "청중을 이해함으로써 당신의 메시지를 청중에게 최대한 많이 전달되도록 그 가능성을 극대화하는 것"[78]이라는 사실을 잊지 않기를 당부한다.

Preaching and Audience

설교와 청중

Preaching and Audience

제4장
설교 전달에 있어서 청중 맞춤의 중요성

　어느 한 교회에서 중고등부 헌신예배 설교를 부탁 받아 말씀을 준비했던 적이 있다. 준비 과정 중 SBS 인기가요를 시청했다. 약 30년 만에 필자가 중학생이 된 심정으로 끝까지 시청해 보았다. 개인적으로 좋은 노래도 있었고 그렇지 않은 노래도 있었다. 비슷비슷한 노래가 많았던 것 같고 남자 아이돌과 여자 아이돌 그룹들이 대세구나 하는 생각도 했다. 어떤 그룹은 여자 멤버가 13명이나 되기도 했다. 정말이지 듣도 보도 못한 그룹들이 많았다. 그 교회 중고등부 학생들에게 설교를 할 때 아이돌 그룹과 최신 노래 제목들을 이야기 하니 눈빛들이 초롱초롱 빛났다. 그렇게 말씀을 전하기 시작했다.

　청중 맞춤은 "청중에 대한 자료를 도덕적으로 사용하여 연설자의 메시지를 명확하게 하고 연설 목적을 성취하도록 하는 과정"으로 정의된다.[1] 청중 맞춤에 대한 정확한 이해를 위해 '맞춤'과 '수용'을 구별해야 한다. 이 두 단어는 지금까지 청중에게 적응시킨다는 의미로 통용되었지만 다른 의미가 있다. '수용'은 청중이나 설교자의 마음에 들기 위해 메시지의 본질까지도 바꾸거나 조정하는 반면에 '맞춤'은 메시지의 내용은 변질시키지 않는 것이다.

제이 아담스(Jay Adams)는 이 둘을 다음과 같이 구별한다. 설교자는 '수용'하기 위해 청중 또는 설교자에게 어울리도록 메시지를 조정하거나 심지어 바꿀 수도 있다. 이에 반해 '맞춤'은 설교자가 메시지의 내용은 보존하되 그의 특정한 청중에 대한 지식을 사용하여 메시지의 형태만을 변화시켜 왜곡되지 않은 채 효과적으로 설교를 청중에게 전달하는 것이다.[2] 즉 설교에서 '청중 맞춤'이란 성경 메시지를 변질시키지 않으면서 청중이 메시지를 잘 이해하도록 설교하는 것이다. 이와 같은 청중 맞춤 설교의 정의는 이 책 내내 언급된다.

또 하나 기억해야 할 것은 청중 분석과 맞춤이 일시적으로 그치지 않는다는 것이다. 설교하기 이전과 설교 도중에도, 그리고 설교 이후에도 실행되어야 한다. 설교 이전의 청중 분석을 통해 설교자는 청중에 대한 사전 지식을 수집한다. 이러한 사전 지식은 청중의 특징과 필요를 메시지에 맞추는 데 사용된다. 설교 도중 설교자는 청중과의 연관성을 늘리기 위해 청중의 반응을 살피며 맞춘다. 설교 이후에는 피드백을 모아서 앞으로 참고한다.

1. 설교 이전의 청중 맞춤

1) 사전 피드백을 통한 청중 맞춤

설교하기 이전의 청중 맞춤 방법 중 하나는 사전 피드백이다. 조직적 피드백은 설교하기 전에도 실행할 수 있다. 배테랑 설교자인 존 스토트는 독서 그룹과 임시 그룹을 사용하여 그의 설교 효과를 더하려는 노력을 했다. 이러한 방법들이 그의 설교를 현대 청중들의 관심사에 적절하게 만들었다.

> 존 스토트는 다달이 만나는 독서 그룹에 참여했다. 이 모임에서 세간의 주목 받는 책들의 주제와 적용점들을 기독교적인 관점에서 살펴본다. 때때로 이 모임의 회원들은 영화나 연극을 함께 관람하기도 하고 그런 뒤 교회에 돌아가서 자신들이 관람한 내용에 대해 토론도 한다. 스토트는 현시대의 이슈들에 대해 설교하기 위해 그 이슈와 문제를 개인적인 차원에서 가르쳐 줄 수 있는 전문가 그룹을 임시적으로 구성하기도 했다. 때로는 이런 모임에 적극적이고 능동적으로 참여하기도 하고, 어떤 경우에는 사람들이 서로 다른 관점을 나눌 때, 그저 앉아서 조용히 듣기만 하기도 했다. 흥미로운 대화의 결과물인 스토트의 설교는 성경적으로도 탄탄했고 다음 주 시사 잡지만큼이나 참신하기도 했다.[3]

스토트는 회중이 살아가고 있는 세계를 이해하는 것을 너무나도 중요하게 생각했기 때문에 모든 설교자에게 독서 그룹을 만들 것을 추천한다. 그는 말한다.

> 아무리 조그마한 교회라도, 또 그 교회가 어떤 문화권에 소속되어 있든지 간에 교회가 세상에 대해 가지는 관련성이나 기독교 정신이 세속 정신에 대해 가지는 관련성, 그리고 예수님과 그의 라이벌에 대해 가지는 관련성에 대해 담임목사와 논의할 만한 사려 깊은 교인은 있는 법이다.[4]

켄트 에드워즈(Kent Edwards)의 책 『깊은 설교』(Deep preaching, CLC 刊)는 회중으로부터 사전 피드백을 받는 방법을 더 자세히 논의한다. 그는 설교 본문에 대한 석의 작업이 끝난 뒤 던져야 할 질문은 "당신의 설교의 결과로 하나님이 당신의 청중의 삶에 무엇을 하시기를 원하는가?"라고 말한다.[5] 이 과정은 원 청중과 실제 청중과의 공통점을 찾는데서 시작된다. 다음과 같은 요인들을 포함한다.

① 사회, 경제적으로 가난한가, 아니면 풍족한가?
② 사회적으로 안락한 가족 단위인가, 아니면 미망인이나 고아인가?
③ 도덕적으로 음란에 둘러싸인 삶을 사는가, 아니면 부요하거나 쾌락을 추구하는가?
④ 정치적으로 당신의 나라는 하나님의 인도하심과 지도를 따르려는 사람이 지도하는가, 아니면 불신자인가?

⑤ 영적으로 그들이 하나님과 동행한 기간, 그들이 누리고 있는 영적 유산, 그들의 영적 열정의 온도는 어떠한가?
즉 식음, 미지근함, 또는 펄펄 끓음인가?

에드워즈는 설교하기 전에 공정한 피드백 그룹을 만들어 그들의 조언을 설교 준비에 사용할 것을 적극 추천한다. 그 그룹은 다섯 명이나 여섯 명으로 구성되고 주기적으로 구성원들을 바꾸어 줌으로써 지나친 관심을 받거나 방치되지 않도록 해야 한다. 이 피드백 그룹과 만나는 목적은 설교 본문의 석의 아이디어에 대한 그들의 의견을 얻기 위해서이다. 설교자들은 이 그룹을 통해서 "나이, 인종, 문화, 세계관, 성별, 전문, 수입과 교육 수준, 가족 상황, 그리고 영적 헌신과 성숙도의 차이가 당신의 본문과 어떻게 상호작용 하는지를 배울 수 있게 된다."[6] 토의를 돕기 위해 다음의 질문들을 제시한다.[7]

① 이 아이디어가 당신의 관심을 끄는가 아니면 밀어내는가, 자극하는가, 아니면 두렵게 하는가?
왜 그러한가?
② 이 아이디어가 허튼 소리 같은가 아니면 상식 같은가?
탁월하게 실용적인가, 아니면 터무니없이 이상적인가?
왜 그러한가?
③ 만약 당신이 하나님을 쳐다보고 이 아이디어에 대한 당신의 생각을 말한다면 뭐라고 말할 것인가?
무슨 말을 하기가 두렵겠는가?

④ 회중석에 앉아 있는 사람들에게 이 아이디어에 대해 말한다면, 무엇이라고 말할 것인가?
누구에게 말할 것인가?
왜 그렇게 말할 것인가?
⑤ 일반 지역 사회의 어떤 사람들이 이 진리를 반드시 들어야 하나?
왜 그러한가?
⑥ 일반 지역사회의 어떤 사람들이 이 아이디어에 대해 격렬히 반대 또는 찬성하겠는가? 왜 그러한가?
⑦ 만약 당신이 오늘 이 진리를 아주 진지하게 받아들일 결정을 한다면 당신의 삶에 어떤 변화가 있겠는가?
왜 그러한가?

마지막으로 설교의 본문이 청중의 삶에 어떠한 영향을 미치는지에 대해서 더욱 깊이 있게 이해하기 위해서는 아래의 세 가지 질문을 살펴볼 필요가 있다.

① 당신의 회중 가운데 어떤 사람들이 이 본문에 순종하는 삶을 살았나? (구체적인 사람들을 생각하라)
② 당신의 회중 중 어떤 사람들이 이 본문을 위반하며 살았나? (다시, 구체적인 사람들을 생각하라)
③ 이 진리가 당신과 당신의 회중이 살고 사역하고 있는 지역과 당신의 사람을 변화시킬 수 있는가?
이 본문의 진리를 받아들일 때 일어나는 파급 효과는 무엇인가?

접근하는 방법은 사람마다 약간 다를 수 있다. 하지만 소통의 문을 열어 놓으려는 노력과 회중으로부터 사전 피드백을 얻으려는 노력은 설교 사역에 있어서 필수적이다. 이러한 부분에서 더 큰 효과를 원한다면 어느 교회든지 적극적으로 활용하기를 추천하는 바다.

2) 청중 맞춤과 적용

설교자에게 맞춤은 설교 적용에 특히 적절하다. 해돈 로빈슨은 적용을 다음과 같이 묘사한다.

> 적용은 구체적인 시간과 장소, 상황에 주어졌던 영원하신 하나님의 진리이고, 우리가 믿는 것을 가지고 다른 시간, 다른 장소, 그리고 아주 다른 상황에 살고 있는 현대 세상의 사람들에게 적용하려는 시도이다.[8]

다르게 말하면 "고대의 영원한 메시지를 우리의 현대 청중에게 맞추어서 그들의 삶 속에서 진리를 활용하도록 도전을 주는 것"이라고 할 수 있다.[9] 두발과 헤이스(Duvall and Hays)는 설교 본문에서 개인적인 적용을 개발하기 위한 3가지 단계를 제시한다.

① 본문의 원리들이 원 상황을 어떻게 다루고 있는지 관찰하라.
② 당신의 청중의 현대 문맥에서 유사한 상황을 발견하라.
③ 그리고 같은 원리에 근거하여 당신의 청중의 상황에 구체적인 적

용을 들어라.[10]

첫 번째와 두 번째 단계에서는 설교자가 원상황과 현재 청중 상황과의 유사점을 찾을 것을 요구한다. 그래서 현재 청중에게 원저자가 의도했던 성경 본문의 뜻을 이해할 수 있게 하는 것이다. 이것은 주로 은유를 창조하여 원청중과 현재의 회중 사이를 연결해 주는 것으로 할 수 있다. 세 번째 적용 단계는 청중 분석이 이미 이루어진 상태를 가정한다. 그래서 적용을 청중의 구체적인 상황에 유념하며 만드는 것이다.

켄트 에드워즈도 은유 만들기의 세 단계를 제시한다. "유사점을 찾으라, 적합한 감정을 잡아라, 그리고 길이를 결정하라."[11]

유사성은 은유의 가장 기본적인 요소이다. 보이는 세상과 보이지 않는 세상, 청중의 삶과 설교 본문의 주제 사이의 다리 역할을 해 준다. 설교를 위해 은유를 만드는 방법은 성경에서 일상으로, 또는 일상에서 성경으로 연결하는 것이다. 은유를 만드는 단계는 다음과 같다.

첫 번째 단계는 설교 본문이 정해지고 본문의 주제가 정확히 파악됐다면 설교자는 주위 곳곳에서 주제를 보아야 한다.

두 번째 단계는 '적합한 감정을 잡아라'이다. 성경에는 다양한 장르가 존재한다. 서신서, 복음서, 모세오경, 역사서, 시가서, 선지서 등의 장르에 따라 본문의 분위기와 감정의 온도가 달라진다. 좋은 은유를 만들기 위해서 중요한 것은 원저자가 의도한 의미와 감정을 유지하는 은유를 만드는 것이다. 원문에 나타난 감정을 넘지 않거나 축소시키지 않아야 한다.

세 번째 단계는 은유의 길이를 지혜롭게 정하는 것이다. 은유의 길이에 따라 그 강조와 감정이입의 강도가 달라지기 때문이다. 권장하는 것은 설교 대지의 중요성에 따라 은유도 길이를 정하는 것이다. 언제까지나 설교 대지에서 벗어나지 않도록 주의해야 하며 청중들의 관심을 잃지 않도록 은유의 길이를 조절할 것을 당부한다.

적용은 전인(whole person)에게 관련되어야 한다.

> 하나님의 말씀은 신자의 삶의 한 부분이 아닌 전체에 말씀한다. 전인을 당신이 발견하고 다루는 필요의 종류에 따라 고려하라. 청중 석의는 '전인' 적용을 개발하는 데 중요한 정보를 제공한다.[12]

이것은 적용 표를 통해서 가능하다.

3) 적용 표를 통한 청중 맞춤

처음부터 회중과 함께 일하는 것이 어렵거나 교회 분위기상 회중들이 설교에 대해 토론하는 것을 허락하지 않는다면, 윌하이트의 적용 방법이 더 나을 수도 있다. 그는 청중을 대표하는 적용 표를 설교 준비 과정에 사용할 것을 제안한다.[13] 가장 좋은 방법은 아래와 같은 표에 회중의 이름들을 실제로 적어 보는 것이다.

표 8. 적용표

Sam	Kate	Mark	Bill
Suzanne	Lucy	Tim	Rex
Margaret	Harold	Paul	David
Beth	Marcia	Phil	Stephen
Cindy	Dale	Janet	Gary
Jim	Sandy	Debra	Wayne
Joan	Chuck	Ralph	Shirley
Ho Chin	Megan	Gabe	Beverley
Sherri	Al	Carol	Allen
Richard	Lynne	Bill	Sally
Tommy	Heather	Jay	LaTeisa

실제 이름을 사용하는 것이 가능하지 않다면 구체적인 그룹이나 상황을 아래의 두 표와 같이 작성해 볼 수도 있다.

표 9. 맞춤 적용표 1

	가정	직장	학교	교회	소문화
어린이					
독신					
기혼					
미망인					
이혼					

표 10. 맞춤 적용표 2

	개인 사업	취업자	파트타임 직업	영업 수당을 받고 일함	은퇴
어린이					
독신 남성					
기혼 남성					
미망인 남성					
이혼 남성					

개인의 청중에 맞춘 적용 표를 앞에 두고, 윌하이트는 다음과 같은 지침을 사용한다.[14]

① 메시지의 흐름에 대해 생각하면서, 적용 표 위의 이름을 보면서 질문하라. 이 진리가 이 사람을 어떻게 터치할 것인가?
② "이 사람이 신념, 태도, 가치 또는 행동으로 어떻게 반응해야 하는가?"라고 질문하라.
③ 적용은 구체적인 것을 목표로 하지만, 아무도 난처하거나 확인되지 않도록 일반적인 용어로 하라.
④ 적용을 너무 구체적으로 하지 말라. 적용이 지나치게 좁으면 대부분의 사람들을 지나칠 수 있다. 그들은 '그건 내가 아니야'라고 생각할 것이다. 더 중요한 것은 그것이 본문을 잘못 전하는 것일 수도 있다.
⑤ 특히 한 청중에게 주기적으로 설교할 경우 표 위의 이름을 매달 바꾸라.

청중 맞춤은 서재에서 끝나지 않는다. 사실상 전달하기에 앞서 하는 분석은 시작일 뿐이고 설교하는 동안에도 청중 맞춤이 실행되어야 한다.

2. 설교 중 청중 맞춤

1) 청중 맞춤과 청중 반응

설교하는 동안 청중의 특성이나 태도를 인식하는 것으로만 충분하지 않다.

> 그들을 잘 알든지 모르든지 당신은 설교 도중에 항상 그들에게 맞출 준비가 되어 있어야 한다. 당신의 목적은 성경 진리를 소통하는 것이다. 당신의 더 큰 목적은 청중의 믿음을 세우는 것이다. … 청중을 이해하고 그들에게 맞추지 않는다면 두 가지 목적을 다 이룰 수 없다.[15]

그러므로 그들의 관심과 주목을 유지하기 위해 설교를 시시각각 맞추려는 노력이 있어야 한다. 청중은 비록 침묵하고 있지만 신호를 보내고 있고, 설교자와 메시지와의 교차의 수준을 나타낸다. 비브와 비브는 청중이 보내는 신호와 그것에 따라 어떻게 맞출 수 있는지 정리했다.[16]

표 11. 설교 중에 청중 분석과 맞춤

청중과 교차하고 있다는 신호	청중과 교차하지 않고 있다는 신호	비우호적인 청중에게 맞출 수 있는 전략
청중 구성원들의 눈을 맞춘다. 당신이 말할 동안 당신의 눈을 쳐다보고 있다.	청중 구성원들이 당신과 눈을 마주치지 않는다.	· 이야기를 들려주라. · 더 개인적인 예나 예화를 사용하라. · 몇몇 사람들의 이름을 부르며 청중에 대한 직접적인 언급을 고려하라.
청중은 진실된 미소 또는 기분 좋은 얼굴 표정을 짓고 있다.	청중이 인상을 쓰고 있거나 멍하고 반응 없는 얼굴 표정을 하고 있다.	· 청중 구성원들에게 당신의 메시지를 이해하는지 물어보라. · 설교 에너지를 증가시켜라. · 청중에게 당신의 메시지가 그들에게 왜 중요한지 상기시켜라. · 당신의 메시지를 칠판이나 다른 시각 교육 자료를 사용하여 명확하게 하는 것을 고려하라.
청중 구성원들이 조용하다.	청중 구성원들이 다른 청중 멤버들과 이야기한다.	· 청중의 주목을 끌기 위해 잠시 중단하라. · 청중에게 수사 의문을 던지라(그들이 실제로 답하지 않아도 되는) 또는 반응을 기대하지 않는 질문을 하라.
청중 구성원들이 조용히 앉아 있다. 청중 움직임이 적다.	청중 구성원들이 들썩인다. 그들의 손과 발이 움직인다.	· 전달의 속도를 더 내라. · 적절한 유머를 사용하라. · 더 구체적인 예를 사용하라.

당신이 청중에게 어떤 것을 질문하거나 요구할 때 손을 들어 반응한다.	청중 구성원들은 당신의 질문에 반응하지 않고 당신의 메시지에 관심을 보이지 않는다.	· 청중 구성원에게 당신이 물은 질문을 이해했는지 물어보라. · 당신의 질문을 반복하고 그들의 반응과 참여를 원한다는 것을 분명히 하라.
청중 구성원들이 적절한 반응을 한다. 유머를 사용할 때 웃는다.	청중 구성원은 당신의 질문에 반응하지 않고 유머에도 웃지 않는다.	· 청중이 당신의 유머에 반응이 없다면, 농담을 줄이고 이야기와 개인적인 예화를 더 많이 사용하라.

설교를 전달하는 것 자체만으로도 상당한 에너지가 필요하다. 하지만 더 효율적으로 설교하기 위해서는 청중 맞춤도 병행되어야 한다.

> 성공적인 설교자는 최고의 내용, 정력 또는 눈맞춤이 있는 사람만이 아니다. 최고의 소통가는 그들의 내용이나 전달 스타일을 상황에 맞게 조절하는 사람들이다.[17]

그러므로 설교자는 청중의 상황을 파악하는 눈이 있어야 한다. 청중의 주목을 잃어가는 설교자를 위한 맞춤 방법과 주목을 되찾는 일곱 가지 자극제들이 있다.[18]

(1) 즉석에서 모든 것을 바꾸라

이 옵션은 회중의 필요가 애당초 준비한 것과 완전히 다른 것이 확실할 때만 권한다. 또한 설교자가 즉시 고를 수 있는 대체 설교 파일이 요구된다. 이것은 사용하기 가장 극적이고 가장 어려운 방법이다.

(2) 안 되는 것을 즉시 바꾸라

이것은 예화를 없애는 등 설교에 작은 변화를 주는 것을 포함한다. 이것은 설교하는 과정에 실행되어야 하므로 청중 반응에 민감해야 한다.

(3) 접근 가능한 기록철에서 뽑기

이것은 설교자가 회수하기 쉽게 정리해 온 적당한 예화를 사용하는 것을 말한다. 캘빈 밀러는 제목이 있는 예화 목록을 성경 앞과 뒤에 넣어두고 설교하는 중에도 필요하면 참고한다.

(4) 슬쩍(결사적이 아닌) 주목을 끌기

주목을 해 달라는 것은 설교가 청중에게 흥미롭지 않다는 것을 나타내는 것이기도 하다. 청중에게 자주 주목해 달라고 요구하는 것은 오히려 청중을 짜증나게 할 수 있다.

(5) 목소리와 음향 방사를 고조시켜라

올바른 목소리 음량을 사용하는 것은 효과적인 소통을 위한 기술이다. 큰 음량이 효과적으로 전달할 수 있다고 생각하는 것은 잘못된 생각이다. 설교자는 설교 내용에 따라 목소리에 힘을 줄 것인지 자제할

것인지 결정해야 한다.[19]

(6) 일찍 끝내기

설교의 핵심 내용을 충분히 전달한 후에 시간이 남았다고 설교를 계속 할 필요는 없다. 짧고 강하게 끝내는 것이 청중의 주의와 관심을 더 많이 끌 수도 있다. 더 이상 할 말이 없을 때에는 청중을 데리고 있는 것보다 설교를 마치는 것이 낫다는 것이다.

(7) 지혜로운 시간 사용

"설교 시간에 대한 청중의 기대는 장소마다 다르다. 현지 관습이 무엇인지 파악하고 그에 맞춰 설교함으로 사람들에게 존중심을 보이고 그들의 감사와 관심을 받을 수 있다."[20]

2) 청중 맞춤과 설교 스타일

설교 유형 또한 설교 도중 청중 맞춤을 할 수 있는 또 다른 분야이다. 설교 스타일은 "설교자가 글을 쓰든 설교를 하든, 그의 생각을 표현하는 고유의 방식"이라고 정의할 수 있다.[21] 설교 스타일은 설교자의 성격과 하나님과의 관계와 밀접한 영향이 있다. 설교를 연기로 하거나 다른 사람을 모방해서는 안 될 것이다. 또한, 설교 스타일은 설교자의 성격과 교단에 따라 다를 수 있다. 최고의 설교 스타일을 결정하는 것은 쉽지 않지만 효과적인 설교를 위한 몇몇 지침이 도움이 된다.

맥딜은 자신의 설교 스타일을 평가할 수 있는 설교 스타일의 윤곽을 만들었다.[22]

표 12. 설교 스타일의 윤곽

	1	2	3	4	5	6	7	8	9	10	
인위적인											자연스러운
뻣뻣한											일상적인
단조로운											다채로운
자꾸 끊어지는											유창한
소심한											자신감 있는
냉혹한											동정심 있는
경솔한											진심어린
불투명한											명백한
허약한											정력적인
상상력이 없는											시적인

←―――덜 효과적――――――――――――더 효과적―――→

이 설교 스타일 윤곽에 따르면 자연스럽고 대화 같은 설교 스타일이 가장 효과적이다. 대화하는 스타일의 특징은 대화체이고, 정상 범위의 어조를 사용하고, 개인적이며, 표현이 다양하며, 움직임이 더 자연스럽다.[23] 다른 말로 하자면, 대화 스타일은 설교자의 정상적인 말투이면서 청중과 소통하기 위해서 표현력만 확장시킨 것이다. 그러므로 청중은 설교 스타일이 설교자의 실제 성격과 일치한다고 여기고 자연스러운 태도로 소통할 때 가장 잘 반응한다.

안타깝게도, 너무 많은 설교자들이 설교 스타일에 대해 한정된 생각을 가지고 있기 때문에 효과적인 방식으로 자신을 표현하지 못하고 있다. 이것을 극복할 수 있는 방법은 설교자가 설교의 궁극적인 목표가 청중과의 소통이고 그것을 적절한 방법으로 해야 한다는 것을 기억하는 것이다. 그러기 위해서는 설교자는 자신의 성격을 최대한 살려야 한다. 개인의 설교 스타일을 개선한다는 것은 부담과 불편을 가져올 수 있다. 자신을 새롭게 바꾸는 과정이기 때문이다. 해돈 로빈슨의 예화가 이것을 이해하는 데 도움이 된다.

> 예를 들어, 당신이 최신 시카고 블랙 호크스(아이스하키 팀) 게임에 대해 나에게 말해 주고 있다면, 그리고 네 사람이 와서 우리와 합류한다면, 당신은 목소리를 높이고 몸짓을 크게 할 것이다. 하지만 그 다음에, 만약 수업이 끝나고 서른 명이 와서 합류한다면, 당신은 그들을 수용하기 위해 당신의 목소리를 더 많이 높이고 몸짓을 더 크게 할 것이다. 하지만 당신이 하고 있는 말에 대해서는 언제나 대화하듯이 스스럼없는 말투를 사용할 것이다. 정도와 힘과 속도를 달리 할 것이다. 전달에 있어서 그러한 대화 같은 요소가 오늘날 사람들에게 훨씬 더 매력적이다.[24]

설교 스타일은 설교 상황에 따라 달라질 수 있다. 모든 설교자들은 자신이 편안하게 느끼는 설교 스타일이 있겠지만, 설교를 할 때에는 청중의 규모, 청중의 특성, 상황, 그리고 장소를 고려해야 한다.[25] 설교에 있어서 공간의 크기와 청중과의 거리는 청중에게 직접적인 영향을 미친다. 항상 설교 장소 가장 뒤에 있는 청중을 배려할 필요가 있다. 어린이들을 대할 때와 어른들을 대할 때는 다른 설교 스타일이 요구된다. 어떤 상황에서든 설교자의 스타일이 명확하고 개인적이며 생생할 때 가장 효과적이다.[26]

3. 설교 이후의 청중 맞춤

대부분의 설교자들은 설교를 마치고 강단에서 내려오는 순간 설교가 끝났다고 오해한다. 대부분의 설교자들은 '출구조사'나 '배우자의 조언'을 통해서 설교 피드백을 받는다.

> 어떠한 평가를 받든 상관없이, 설교자는 메시지의 효용성을 평가 받을 수 있는 더 나은 방법이 필요하다. 예배를 마치고 돌아가는 교인들을 상대로 '출구 조사' 형식의 비평이나, 교회에서 집으로 돌아가는 길의 차 안에서 사모에게 '나 어땠어요?'라고 묻거나, 아니면 '오늘 메시지를 어떻게 생각해요?'라고 묻는 형식의 비평을 받는 것 이상의 더 나은 방법이 필요하다.[27]

설교 또는 설교가 끝나고 난 뒤, 청중의 솔직한 반응이 평가되어야 한다. 이것은 설교자에게 그 다음 설교를 준비할 수 있게 도움을 주고 설교의 효과를 알 수 있는 방법이기도 하다. 청중은 비언어적, 언어적, 그리고 행동 반응으로 평가할 수 있다. 어떤 방법을 사용하든지, 설교자는 그들의 설교에 대한 효과를 평가 받을 수 있는 조직된 피드백 시스템이 필요하다.

한국의 목회자들 가운데 평가를 정기적으로 받는 목회자는 두 명에 한 명 꼴이다.[28] 그들 가운데 55.4%는 가족과 성도들에게 모니터 역할을 부여하고 있고, 35.5%는 자신의 설교 영상이나 녹음을 사용하여 스스로 평가하고 있다. 단지 9.1%만이 설교위원회를 통해 정기적인 평가를 받고 있다고 한다.

주목할 만한 결과는 성장하는 교회의 경우 정체 또는 감소 교회 대비 설교위원회 평가 비율이 월등히 높다는 것이다. 즉 가족이나 출구 조사가 아닌 객관적이면서도 정기적인 조직화된 피드백 시스템이 교회 성장과 관련이 있다는 의미 있는 결론이다. 그렇다면 설교위원회의 역할과 다루어야 할 내용이 무엇인지, 어떤 방법들이 있는지 살펴보자.

릭 에젤(Rick Ezell)에 의하면 설교자가 찾는 피드백은 다음을 포함해야 한다.[29]

① 메시지의 요점이 전달되었다고 봅니까?
② 메시지가 분명했습니까?
③ 메시지 중에서 기억나는 것이 있다면 무엇입니까?
④ 메시지 내용 중에서 모호한 것이 있었습니까?
⑤ 메시지에서 부족한 점은 무엇입니까?
⑥ 메시지를 듣고 교회를 떠날 때 어떤 느낌이 드십니까?
⑦ 메시지 내용 중에서 당신과 개인적으로 관련된 것은 무엇입니까?

유사하게 빌 하이벨스(Bill Hybels)는 설교자들이 하나님의 말씀을 청중에게 더 효과적으로 전하기 위해서 설교 평가가 중요하다고 말한다. 그에게 평가 여부는 선택의 여지가 있는 것이 아니다. 설교자라는 직업의 일부일 뿐이다. 또한 그는 평가는 건설적이어야 한다고 확신한다. 건설적인 평가를 하기 위해서는 '올바른 사람들'과 '올바른 시간에,' '올바른 질문들'로 해야 한다. '올바른 사람들'이란 설교자가 진심으로 믿을 수 있고 지혜로운 상담자로 입증된 사람들을 의미한다. '올바른 질문'을 할 때 소통의 효과를 여러 단계에서 평가할 수 있다.[30]

① 각 예화: 내가 의도한 대로 그 예화가 소통되었는가?
② 각 메시지: 연속적인 흐름 속에서 맡겨진 자신이 역할에 충실하여 도움이 되었는가?
③ 메시지들의 가치: 메시지들이 회중들이 듣기를 원하고 들어야 하는 주제들과 사건들을 다루고 있는가?
④ 전체적인 관점에서 본 자신의 설교: 설교가 본인 목회가 추구하고자 하는 목표 달성에 도움이 되고 있는가?

평가가 필요한 모든 순간에 위의 질문들을 할 수 있다. 이때는 설교가 끝난 이후일 수도 있고, 빌 하이벨스의 경우처럼 토요일 밤의 첫 설교 바로 직후일 수도 있다. 평가로 인해 그 다음 날에 있을 주일 설교에 변화를 줄 수 있다. 그의 경험에 의하면, 평가하는 사람들에게 평가의 예민한 특성을 솔직히 인정하는 것이 도움이 된다. 이보다 더 큰 효과를 위해서 평가는 한 사람을 통해서 설교자에게 전달되는 것이 좋다. 이렇게 하면 설교자는 같은 지적을 반복해서 듣지 않아도 된다. 즉 평가는 여러 사람들이 하되, 설교자에게는 오직 한 명만이 평가를 요약해서 전달하는 것이다.

루엘 하우(Reuel Howe)는 피드백에 설교자가 참여하지 않는 것이 더 생산적이라고 한다.[31] 그는 예배 후 청년을 포함한 여섯 명 이상 되는 평신도 그룹을 모을 것을 제안한다. 그리고 그들끼리 설교를 논의하고 그 논의를 테이프에 녹음하라고 한다. 그 녹음된 테이프를 설교자가 주중에 듣는다. 그가 제안한 논의를 위한 질문들은 아래와 같다.

① 설교가 당신에게 무슨 말을 했나?
② 설교가 당신의 삶에 (만약에 있다면) 어떤 변화를 가져 올 것이라고 생각하는가?
③ 설교자의 방법, 언어, 예화, 그리고 전달 스타일이 당신의 메시지를 듣는 데 어떻게 도움 또는 방해가 되었나?
④ 설교와 반대되는 부분이 있는가?
　그 주제에 대해 당신은 뭐라고 했겠는가?[32]

회중으로부터 좀 더 체계적인 반응을 얻기 위해서 '설교 반응 설문지'를 사용할 것을 제시한다. 이 설문지는 1970년 초에 개발되었고 수개월간의 연구와 평신도, 설교자, 그리고 설교학 교수들과의 인터뷰의 결과이다. 비록 짧지만 이 설교반응 설문지는 설교자와 설교, 그리고 청중의 상황과 필요의 직접적인 관계에 대한 적절한 피드백을 찾는 데는 적절하다. 이해하기도 쉽고, 몇 분 안에 완수할 수 있는 20개의 질문들을 포함하고 있다. 또한 시간이 흘러도 통계적으로 비교할 수 있는 표

준화된 설문지이기 때문에 다양한 방면으로 사용될 수 있다.[33] 윌리몬이 설교반응 설문지를 청중에게 사용하면서 얻은 것은 그들이 더욱 솔직해지고 성경적 설교를 들을 수 있는 귀가 발달했다는 점이다.

개인의 설교에 대한 체계적인 피드백을 받는 것은 민감한 문제일 수도 있고 아픔이 될 수도 있다. 시간과 노력, 겸손도 요구된다. 하지만 많은 베테랑 설교자들이 지속적으로 말하는 것은 평가의 결과는 아픔과 굴욕 이상의 큰 가치가 있다는 사실이다. 그러므로 공식적인 평가는 설교 맞춤에 있어 아주 중요한 요소이고 효과적인 설교에도 꼭 필수적인 항목이다.

설교와 청중

Preaching and Audience

제5장
실제적인 예문 및 결론

여기까지 정독했다면 당신은 이미 청중 맞춤 설교를 하기 위한 세미나에 참석한 것과 같다. 청중 맞춤의 중요성을 알게 되었고 청중 맞춤을 위한 방법들도 알게 되었다. 하지만 아직까지는 수동식에서 자동식 자동차로 처음 옮겨 탔을 때처럼 감이 오지 않을 수도 있다. 청중 맞춤 설교의 구체적인 모습은 어떠한지 궁금할 수 있다. 지금 내가 하고 있는 설교가 청중 맞춤인지, 아니라면 어떻게 달라져야 하는지, 청중을 어떤 방법으로 더 잘 이해할 수 있을지에 대해서 고민하고 있을 수도 있다.

이 장에서 소개되는 두 편의 설교는 필자가 청중 맞춤을 고려하며 작성하고 설교한 설교 원고의 일부이다. 청중 맞춤은 하나의 정해진 방법도 답안도 없다. 그 이유는 모든 설교는 같은 청중일지라도 그 상황이 매번 달라질 수 있기 때문이다. 설교자는 한 손으로는 성령님의 손을 잡고, 다른 한 손으로는 청중들의 손을 잡아 서로 포개 주는 효과적인 설교를 전달할 의무가 있다. 여기에 소개된 설교는 필자의 청중과 상황에 한정된 것이므로 독자들이 그대로 따라할 필요는 없다. 하지만 청중 맞춤 설교의 길을 걸어가고자 하는 예비 설교자들과 목회자들에게 조금이나마 도움이 되기를 바라면서 필자의 청중 맞춤 설교를 소개하고자 한다.

필자는 신학대학원대학교의 교수로서 신학생들에게 설교를 하며 협동 목사로서 교회 성도들에게도 설교를 하고 있다. 신학생과 교회 성도라는 두 청중을 비교해 보면 매우 다르다. 그렇다면 설교를 준비하기에 앞서 해야 할 작업은 어떤 것이 있을까?

앞서 3장에 언급한 비브와 비브의 청중 특징 표를 필자의 상황에 맞게 재구성하여 보겠다. 먼저 학교의 청중을 분석해 보면 아래와 같다.

청중 특징	당신의 청중에 맞추기 위한 계획
인구학적 특징 나이대: 20대~50대 평균 나이: 35세 여성 비율: 30% 남성 비율:70% 교육 배경: 대학원 교회 배경: 개혁교단, 합동교단 등 사회경제적 신분: 다양함	남성 비율이 높음: 논리적인 설득이 효과적. 교육 배경이 대학교 이상으로 지식적인 내용, 책 소개 적합함 다양한 교회 배경: 너무 전통적이거나 자유로운 스타일은 삼가
심리학적 특징 나의 주제에 대한 태도: 배우고자 함, 학생의 의무적인 참여 등 나의 주제에 대한 확신: 일반적인 청중 가치관: 성경 중심	학생들은 배우고자 하는 마음의 준비가 되어 있음 교직원들과 그 외의 청중이 설교를 들어야 할 이유도 제시할 것

상황 분석	
설교 시간: 30분 청중 사이즈: 120명 설교 장소: 채플실 설교 이유 또는 경우: 채플 설교	점심 시간을 뺏지 않도록, 설교에 집중할 수 있도록 시간을 지키자.
문화적 분석	
서울과 지방에서 모인 청중 청중은 서로 알아가고 하나 되어가는 단계	분위기를 조성할 필요가 있음

이제 교회의 청중을 분석해 보자.

청중 특징	당신의 청중에 맞추기 위한 계획
인구학적 특징 나이대: 20대-80대 평균 나이: 45세 여성 비율: 70% 남성 비율: 30% 교육 배경: 다양함 교회 배경: 개혁교단, 전통적, 45년 역사 사회경제적 신분: 다양함	평균 연령대가 높고 전통적인 교회로서 설교 스타일은 전통적인 말씀 중심적 스타일이 적합함. 여성 비율이 높으므로 감성적 호소가 효과적임. 설교자보다 대부분 나이가 많으므로 가르치는 톤보다는 설득과 권유하는 톤이 적합함. 어르신들을 위해 말을 천천히, 크게, 정확하게 발음한다.
심리학적 특징 나의 주제에 대한 태도: 열려 있음 나의 주제에 대한 확신: 일반적인 청중 가치관: 말씀 중심	설교자는 이 교회 출신의 협동목사이고 성도들의 태도와 반응이 긍정적임. 설교자와 청중과의 공통된 역사를 언급하며 마음을 더욱 열자.

상황 분석 설교 시간: 30분 청중 사이즈: 500명-700명 설교 장소: 본당 설교 이유 또는 경우: 초청 설교	시간을 철저히 지키는 것이 교회의 역사. 시간 준수 할 것.
문화적 분석 성도들은 신앙생활을 오래 한 분들이 대부분이고 서로 잘 알고 지내는 사이다. 전라도 인구가 높음.	예배 분위기가 좋음, 준비된 마음

　위와 같은 방법으로 청중을 기본적으로 이해를 하고 있으면 설교 준비 과정 중 본문에 대한 이해를 돕기 위한 예화나 이미지를 개발할 때 도움이 된다. 처음에는 작성하기가 매우 어렵다고 여길지 몰라도 한 번 시도하고 나면 그 이후로 조금씩 쉽게 다가갈 수 있을 것이다. 실제로 청중 맞춤은 설교 본문 석의보다는 그 이외의 부분에 많이 반영된다. 하나님 말씀에 대한 핵심은 달라지지 않지만 그 말씀이 청중에게 어떻게 이해되어지고 적용되는가는 많이 다를 수 있기 때문이다.

　골방에서의 석의 작업을 마치고 설명과 적용 단계에 들어갈 때는 3장에 소개되어 있는 인생 상황표를 참고하는 것이 좋다. 인생 상황표 외에도 윌하이트의 적용표와 맞춤 적용표를 사용할 수도 있다. 위의 표가 청중을 전반적으로 이해하기 위한 것이라면 인생 상황표는 청중을 더 구체적으로 살펴보는 데에 유용하다. 먼저 학교의 청중을 대상으로 아래와 같이 작성할 수 있다.

	남	여	싱글/과부	이혼	동거
나이별					
청소년	없음	없음		없음	없음
청장년	김** 전도사	조** 직원	송** 선생	없음	없음
중년	신** 교수님	우** 사모님		없음	없음
노년	이** 목사님	손** 권사님		없음	없음
직업					
무직	정** 전도사	김** 사모			
자영업자	전** 전도사	없음			
노동자	없음	없음			
경영자	강** 전도사	없음			
믿음의 단계					
헌신된 크리스천	청중 대부분				
의심 있는 자					
냉소자					
무신론자	없음				
병자		최** 전도사			

다음은 교회를 대상으로 작성하였다.

	남	여	싱글/과부	이혼	동거
나이별					
청소년	없음	없음			
청장년	김** 집사	조** 자매	이** 성도		
중년	김** 집사	권** 성도	오** 성도	노** 성도	
노년	김** 장로	임** 권사	권** 권사		전** 권사

직업 무직 자영업자 노동자 경영자	모** 변호사 황** 성도	이** 권사		
믿음의 단계 헌신된크리스천 의심 있는자 냉소자 무신론자	청중 대부분 없음			
병자	오** 어린이	홍** 권사		

아마 위의 표를 작성하는 동안에도 여러 가지 생각이 머릿속에서 교차 할 것이다. 한 사람 한 사람의 이름을 적어 내려가면 그들의 삶과 상황들이 떠오를 것이다. 이 간단한 과정은 나의 설교가 이름도 없고 얼굴도 없는 상상 속의 청중이 아니라 나와 함께 살아가고 있는 주님 안에서 하나가 된 형제와 자매들에게 선포될 것이라는 것을 인식하게 한다. 인생 상황표는 설교를 할 때 마다 새로운 이름을 적어 작성하는 것이 좋다. 이렇게 하면 설교자가 잘 알고 있는 청중에게만 집중되는 것을 막아 준다.

이제 청중 분석 단계를 지나 청중 맞춤은 어떻게 이루어져야 하는가? 본문의 진리를 어떻게 청중에게 적절히 적용할 것인가?

여기에서는 위의 표를 앞에 두고 윌하이트가 제시한 다음과 같은 질문을 해 본다.[1] 메시지의 흐름에 대해 생각하면서, 적용 표 위의 이름을 보면서 질문하라.

"이 진리가 이 사람을 어떻게 터치할 것인가?"

"이 사람이 신념, 태도, 가치 또는 행동으로 어떻게 반응해야 하는가?"

적용은 구체적인 것을 목표로 하지만, 아무도 난처하거나 확인되지 않도록 일반적인 용어로 하라. 적용을 너무 구체적으로 하지 말라(적용이 지나치게 좁으면, 대부분의 사람들을 지나칠 수 있다. 그들은 '그건 내가 아니야'라고 생각할 것이다. 더 중요한 것은 그것이 본문을 잘못 전하는 것일 수도 있다).

특히 하나의 청중에게 정기적으로 설교할 경우 표 위의 이름을 매달 바꾸라. 위의 질문들에 성실히 대답하였다면 당신의 설교는 청중들에게 한 걸음 더 다가가 있을 것이다. 좀 더 나아가 이야기, 은유, 설교, 예화 하나하나를 표 위에 있는 청중의 관점으로 바라보는 것도 도움이 된다. 예를 들어, 청중의 연령이 높은데 젊은 세대가 좋아하는 개그 콘서트에 나오는 이야기를 예화로 사용하는 것은 효과적이지 않다. 또는 청중 중에 가족의 자살로 인해 슬픔에 잠긴 성도가 있다면, 자살의 주제를 다루는 설교를 할 때 그 성도의 입장에서 다시 한 번 점검하는 것이 지혜롭다.

이렇게 간단한 방법을 이용하는 것만으로도 청중의 특성과 필요를 어느 정도는 파악할 수 있다. 예화도 이에 맞추어 선택한다면 더욱 효과적일 것이다. 청중을 전혀 고려하지 않고 준비한 설교와는 분명 차이가 있을 것이다. 그리고 청중을 아무리 잘 알고 있다고 자신하는 설교자라도 머릿속으로 생각하는 것과 그들의 이름을 종이에 적어가며 생각을 정리하는 것은 많은 차이가 날 것이다.

이제 필자가 요한복음 15: 1-8의 본문으로 학교와 교회에서 설교한 설교문을 통해 같은 본문이지만 청중에 따라 설교 내용이 어떻게 달라질 수 있는지에 대해서 보여 주고자 한다. 먼저 학교의 청중을 살펴 본

결과, 남성의 비율이 높고 대부분이 신학생이거나 교직원이며 연령 평균은 30-40대이다. 개혁교단 학교로서 보수적인 성향이 강하지만 여러 배경의 교단이 모였다. 이런 점들을 감안해서 설교문에 사용 된 적용 포인트나 설교 예화들은 신학생들에게 초점이 맞추어졌고, 학교에 소속된 청중에게 익숙한 내용들이 소개된다. 청중에게 맞춘 부분들은 색 배경으로 표시 되었다.

본문: 요한복음 15:1-8
제목: 제자를 양성하는 목회자(목회의 사람) (교훈 "살리는 신학 살아 있는 목회" – Part 5)

서론

여러분 한 사람 한 사람이 하나의 교회입니다. 교회만이 세상의 희망입니다. '교회만이 세상의 희망입니다'라고 담대하게 외칠 수 있는 사람이 우리 한국교회에 필요합니다. 하나님께서는 여러분을 OO대학원대학교 목회학 석사 과정으로 부르셔서 신학 수업과 목회 훈련을 받게 하셨습니다. 이 훈련을 통하여 영성과 지성을 갖춘 목회자, 신학자와 선교사가 되기를 하나님은 원하십니다. 영성과 지성 있는 한 사람을 통하여 한국교회와 세계 열방에 '살리는 신학, 살아 있는 목회'를 외칠 수가 있을 것입니다.

그렇다면 이 '살리는 신학, 살아 있는 목회'를 어떻게 하면 할 수 있을지를 오늘은 "제자를 양성하는 목자: 목회의 사람"을 통해 살펴보고자 합니다.

본론

오늘 본문의 말씀은 요한복음 14:31로서 예수님께서 제자들과 함께 다락방에서 '일어나라, 여기에서 떠나자'라고 하시며 말씀하신 비유입니다.

어디로 일어나 가자고 하셨나요?

바로 겟세마네 동산에 십자가를 지시기 위해 기도하러 가시기 전에 말씀하신 비유입니다. 이 말씀은 크리스천을 위한 말씀입니다. 가룟 유다가 떠난 뒤 열한 제자만을 위한 죽기 직전의 마지막 메시지입니다. 이것은 예수님을 따르는 제자들을 위한 말씀이었습니다. 신학교에 와 있는 신학생들은 꼭 깨달아 알아야 하는 말씀입니다.

일어나서 겟세마네 동산으로 가시면서 하신 말씀인지 아니면 '일어나 가자' 하셨지만 앉으셔서 계속 말씀을 하셨는지 확실하지는 않지만 중요한 것은 그 당시에 사람들은 포도원에 대해서 매우 잘 알고 있었다는 것입니다. 그래서 '아' 하면 '어' 할 수 있는 그런 비유를 예수님께서 사용하셨습니다. 그렇기 때문에 포도나무를 이해하는 것이 중요합니다. 포도나무와 가지, 열매 맺는 것, 그 과정에 대해 알아야 이 포도나무의 비유를 잘 이해할 수 있습니다.

한 통계에 의하면 크리스천 중에 구원받았지만 열매 없는 사람이 60% 이상이라고 합니다. 열매가 없다고 구원받지 않은 것은 아닙니다. 순종하지 않은 것뿐입니다. 열매를 맺는 사람은 구원받은 사람이고 순종을 하는 사람입니다. 구원받았지만 열매 맺지 않는 사람이 우리 주위에 많이 있습니다.

크리스천이 열매 없는 상태에서 열매 맺는 상태로 가기 위해서 하나님께서는 일을 하십니다. 하나님은 우리가 열매 맺는 것을 원하시기 때문입니다. 모든 믿는 사람들이 열매 맺기 위해서 입니다. '제거하다'가 영어로 'cut off,' 'take away'로 되어 있는데, 성한 가지를 싹둑 잘라 버리는 것이 아닙니다. 이것은 가지의 성장에 걸림돌이 되는 불필요한 것들을 잘라낸다는 것입니다. 또는 들어 올린다는 뜻이 있습니다. 그래서 불순종의 상태에서 순종의 상태로 가기 위해 죄를 제거하시고 그 사람의 불순종을 제거하시는 단련의 단계로 볼 수 있습니다.

원래 포도나무는 포도나무가 있고 가지가 있습니다. 가지에 열리는 것이 아니라 가지 끝에 포도는 열립니다. 포도가 열리기 위해서는 가지가 햇빛에 쬐이도록 올려져 있어야 합니다(포도나무, powerpoint slide). 지난 토요일에 천안에 결혼식이 있었는데 가는 길에 포도나무가 많이 있었습니다(철사로 만든 우산 모양의 형태 위에 가지들은 다 올려져 있어서 가지 그늘 밑으로 걸어 다닐 수 있는 공간이 있었습니다).

여러분이 잘 알다시피 포도나무 가지는 그냥 놔두면 땅에 떨어집니다. 혼자의 힘으로 지탱이 안 됩니다. 그래서 그 당시 포도원 주인들은 돌 위에 가지들을 올려 주었고 요즘에는 울타리를 만들어서 가지를 올려 줍니다. 왜냐하면 가지는 들어 올려서 햇빛을 쬐어야 좋은 열매를 맺기 때문입니다. 그런데 바람이 불거나 동물들로 인해서 가지들이 땅으로 자꾸 떨어질 수 있습니다. 그런 가지들을 들어 올려 주어야만 열매를 맺을 수 있습니다. 그런 차원에서 제거하여 버리신다는 것은 들어 올린다는 뜻도 있습니다.

하나님께서는 열매 없는 성도들을 그냥 두지 않으십니다. 썩게 놔두지 않고 자꾸 들어 올리시고 간섭하시고 열매를 맺기 위해 재촉하시고 그 삶에 자극제도 주십니다. 항상 그렇지 않지만 그것이 육체적인 병일 수도 있고 가까운 사람의 죽음일 수도 있습니다. 우리가 순종의 열매를 맺도록 크리스천이 열매를 맺을 수 있도록 쳐져 있는 우리의 영성을 들어 올리시고 다듬으십니다. 우리 크리스천은 열매를 많이 맺어야 합니다. 더 많이 맺어야 합니다. 그러기 위해서 그 다음 과정이 '깨끗하게 하신다'입니다.

2절 하반절과 3절을 보면 "열매를 맺는 모든 가지는 더 많은 열매를 맺도록 깨끗하게 하신다. 너희는 내가 너희에게 일러준 말로 이미 깨끗하게 되었으니"라고 말씀하십니다.

처음 과정에서 제거하신다는 것은 말라 비틀어 진 것을 다 제거하여 버린다는 것입니다. 그런데 여기서는 잎이 너무 많으면 포도가 잘 자랄 수 없기 때문에 살아 있는 잎을 잘라 버릴 수도 있습니다. 제거해 버리고 깨끗하게 가지를 다듬어 줍니다. 포도나무는 그냥 놔두면 잎사귀만 커지고 확 번창되면서 열매는 조그마해지고 떨떠름해지면서 맛이 없어집니다. 포도나무 가지의 잎을 잘 깨끗하게 손질해 주면 더욱 달고 풍성한 열매를 맺게 됩니다.

깨끗하게 하는 것은 가지치기입니다. 농부는 생산성을 높이고 가지를 건강하게 하기 위해 물이나 비료를 주고 살충제를 줍니다. 하지만 깨끗하게 하는 가지치기가 가장 중요합니다. 이것은 가지뿐만 아니라 신자에게도 동일하게 적용되는 것입니다. 깨끗하게 하는 것은 가지와 잎사귀의 영양분을 잘 흐르게 합니다.

깨끗하게 하는 것은 불순종에서 순종으로 가는 첫 단계와는 달리 정결케 하시기 위한 것입니다. 징계와 같은 아픔을 느끼지만 징계만을 위한 것이 아니라 정결케 하기 위해서입니다. 더 많은 열매를 맺기 위한 것입니다. 더 많은 열매를 맺기 위한 과정입니다.

저희 4형제가 어려서부터 결혼하기 전까지 아버지로부터 거의 매일 들었던 말씀이 있었습니다. 그것은 신발을 정리하라는 말씀이었습니다. 지금도 우리 형제들의 가슴에 있는 말씀인데요. 몇 주 전에 서점에 들러 김난도 교수의 새로운 저서인 『천 번을 흔들려야 어른이 된다』는 책을 사 보았습니다. 저는 이런 수필류의 책은 처음부터 끝까지 읽지는 않습니다. 소제목의 와 닿은 부분을 시간이 되는대로 읽는데요. 그 책의 한 소제목 중 '성공의 비밀'이라는 것이 있었습니다. 그래서 그 부분을 제일 먼저 찾아 읽었습니다.

김난도 교수가 두 사람의 말을 빌려 성공의 비밀을 말합니다. 우리 전통의 '강호철학'을 연구하는 조용헌 선생이 어느 날 '맹자'의 대가인 하금곡 선생에게 찾아가 '성공'에 대해서 묻습니다. 그랬더니 하금곡 선생이 성공하려면 네 가지 조건이 필요하다고 말했다고 합니다.

① 말이 적어야 한다.
② 수식어가 적어야 한다.
③ 찰색, 즉 얼굴 색깔이 좋아야 한다.
④ 신발을 가지런히 놓아야 한다.

그런데 이 자리에 계신 분들 중에 4번이 납득이 안 되는 분이 있을 것입니다. 지금 '커다란' 성공을 이야기 하는데 신발을 가지런히 놓아야 한다니, 너무 쫀쫀하지 않은가! 꿈을 크게 가지라든지, 어려운 사람들에게 구제를 자주 하라든지, 좋은 스승을 만나 크게 배우라든지, 뭐 그런 중요한 일을 다 제쳐놓고, 신발 정리를 잘하라니!

조용헌 선생이 이렇게 말을 합니다. "신발 벗어놓는 상태를 보면 그 사람의 평소 마음가짐이나 수신 상태를 파악할 수 있다. 신발이 어지럽게 놓여 있으면 기본이 되어 있지 않은 것이고, 기본이 되어 있지 않으면 다가오는 큰 성공을 받지 못한다"는 것입니다.

그리고 또 한 사람이 있습니다. 제가 한국에서 가장 좋아하는 피자가 있습니다. 유명 글로벌 브랜드들이 장악하고 있는 국내 피자 시장에서 점포 수 기준 1위를 차지하고 있는 '미스터피자' 정우현 사장의 경영철학에 관한 얘기였습니다. 그분이 이런 말을 합니다.

"우리 사훈은 '신발을 정리하자'입니다. 허식이 아닌 겸손, 진심과 정성. 이것이 초일류의 실천이라고 저는 믿습니다."

400개가 넘는 국내 매장을 운영하고, 중국, 미국, 베트남까지 진출하며 승승장구하고 있는 비결이 품질 제일, 고객 제일 같은 멋진 구호가 아니라, 고작 '신발을 정리하자'였던 것입니다. 미스터피자가 2008년 업계 1위를 한 뒤 사내 공모를 통해 정해졌다는 이 사훈이 '큰 성공의 비밀이 역시 작은 데 있다'는 점은 분명합니다.

신발을 정리하지 않는다고 죄짓는 것은 아닙니다. 하지만 더 큰 일을 하는 사람은 정리가 되어 있다는 말입니다. 먼저 우리 주위부터 깨끗하게 해야 합니다. 아직도 계속해서 모으는 일에만 열중하신다면 지금 이 시간부터는 주변부터 정리하고 버리는 훈련을 해야 합니다. 현재 사용하지 않는 것들을 쌓아 두지 않아야 합니다. 보통 때 사용하지 않는 물건들은 치워 두어야 합니다. 그런 것들이 여기저기 놓여 있으면, 우리 생활도 엉망인 것처럼 여겨질 것입니다. 책꽂이의 책도 실제로 읽을 것들만 놓아 두어야 합니다. 주위 환경을 바꾸면 건강이 놀라울 정도로 좋아지고 능률도 기막히게 오를 것입니다. 내 자신, 가정, 교회, 그리고 학교의 신발 정리부터 해야 합니다. 내 방 청소부터 해야합니다.

열매를 맺는데 더 많은 열매를 맺기 위해서는, 요한복음 15:4-6을 다 함께 읽겠습니다.

> 내 안에 거하여라. 나도 너희 안에 거하겠다. 가지가 포도나무에 붙어 있지 않으면 스스로 열매를 맺을 수 없는 것같이 너희도 내 안에 거하지 않으면 열매를 맺지 못할 것이다. 내가 곧 포도나무이고, 너희는 가지들이다. 그가 내 안에 거하고 내가 그 안에 거하면, 그는 많은 열매를 맺으니, 이는 나를 떠나서는 너희가 아무것도 할 수 없기 때문이다. 누구든지 내 안에 거하지 않으면, 그는 가지처럼 밖에 버려져 마르게 되고, 사람들이 그것들을 모아 불에 던져 태운다(요 15:4-5).

여기서 가장 중요한 예수님의 말씀은 계속해서 반복되는 "내 안에 거하라"입니다. 4절에서 10절까지 '거하라'는 말이 무려 9번 나옵니다. 예수님 안에 거한다는 것이 저도 처음에는 잘 이해가 안 되었습니다. 그런데 간단하게 생각하면 예수님 안에 거하라는 의미는 예수님과 가까이 하라는 것입니다. 친밀한 관계를 유지하라는 것입니다. 사람들은 사역을 많이 하는 것을 우선시합니다. 하지만 그것이 아닙니다. 어쩌면 그것은 사탄의 계략일지도 모릅니다.

영적인 원리는 사역을 많이 하는 것이 아니라 예수님과의 관계를 더욱 깊이 가지는 것입니다. 더 많은 관계를 가져야 합니다. 사역도 중요하지만 예수님과의 관계를 위해서 성경을 읽고 묵상을 하고 기도를 하고 찬양을 하는 그런 시간을 많이 가지라는 것입니다.

빌 하이벨스 목사님은 "나는 해야 할 일이 너무 많기 때문에 더 기도를 많이 해야 한다"라고 했습니다. 할 일이 많기 때문에 기도를 더 오래 하는 것이 영적인 진리입니다. 세상적인 원리는 반대입니다. 세상적인 원리는 사역 때문에 기도도 못하고 설교 준비도 못하는 것입니다. 그러다가 지쳐서 쓰러지게 됩니다.

예수님의 원리는 기도하고 성경 말씀 읽고 묵상하는 만큼 더 많은 열매를 맺는 것입니다. 이것을 세상적으로는 이해할 수 없습니다. 하지만 하나님의 열매 맺는 영적 원리는 '나의 일을 많이 하면 열매를 많이 맺을 것이다'가 아니라 '내 안에 거하면 거할수록, 나하고 기도의 시간을 많이 보낼수록, 나의 말씀을 묵상할수록, 예수 그리스도만 사랑할수록 더 많은 열매를 맺을 수 있다고 하십니다.

주로 식욕이 없어지면 나중에 밥을 먹으면 되겠지 하는데 영적인 원리는 그 반대입니다. 말씀의 식욕이 떨어지면 식욕이 더 생기도록 두세 번 혹은 스무 번에서 서른 번을 더 읽어야 합니다. 그래야 말씀의 식욕이 생깁니다. 언젠가 생기겠지 하면 더 없어지는 것입니다. 말씀을 읽고, 기도 노트와 저널을 쓰고, 찬양을 하고, 아침 일찍 일어나서 새벽 기도를 하거나 QT를 하면서 예수님 안에 거해야 합니다. 분명한 말씀, 기도, 찬양의 영적 훈련의 패턴이 있어야 합니다.

예를 들어 오늘은 창세기 1장을 읽으면 되고 내일은 2장, 이번 달은 로마서. 다음 달은 다른 것을 읽으면서 확실한 패턴을 잡아야 합니다. 연간 계획이 있어야 합니다. 그래야 중간에 끊어지지 않습니다. 이런 영적 훈련이 되어 있어야 합니다.

저의 모교회 같은 경우에는 수십 년간 매일 새벽 기도회에 성경 1장을 읽고 하나님의 말씀을 선포하고 있습니다. 그리고 결혼한 분이나 자녀가 있는 분들은 바쁘시더라도 꼭 가정 예배를 드려야 합니다. 최소한 일 주일에 한 번 이상은 자녀들과 함께 하나님께 예배드려야 합니다. 영적 단련을 통해서 더 많은 영적 열매를 맺을 수가 있습니다. 영적 훈련이 없으면 다른 리더십의 자질을 갖출 수가 없습니다. 열매를 맺으려면 영적 훈련이 되어 있어야 합니다. 습관이 되어 있어야 합니다.

다시 포도나무 비유로 가면 포도 가지 중에 가지가 굵은 것이 있고 얇은 가지가 있습니다.

어떤 가지가 더 좋은 열매를 많이 맺을까요?

어떤 가지가 더 좋은 열매를 맺을까요?

굵은 가지입니다. 당연히 굵은 가지를 통해서 더 많은 영양분이 들어올 수 있기 때문에 그 열매에 더 좋은 열매를 맺을 수 있습니다. 그렇죠! 농부가 해야 할 일이 있고 가지가 할 일이 있습니다. 농부는 잘 다듬어 주고(제거해 주고), 나쁜 곁가지들을 제거해 주고, 가지치기도 잘해 준 뒤 열매를 기다릴 수밖에 없습니다. 농부는 이런 작업들을 1년 내내

해야 합니다.

포도는 가장 손이 많이 들어가는 과일 중 하나라고 합니다. 심고 나면 알아서 자라는 과일이 아닙니다. 포도의 첫 열매를 얻기 위해서 3년을 기다려야 합니다. 3년 내내 농부의 지극한 정성이 필요합니다. 이 비유에서 농부는 하나님이십니다. 하나님은 우리를 가만히 놔두지 않으십니다. 좋은 열매를 맺을 수 있도록 하나님은 지극한 정성으로 우리를 돌보십니다. 우리가 굵은 가지를 유지하기 위해서 예수님께 딱 붙어 있어야 합니다. 그러지 않으면 점점 말라서 비틀어지면서 열매를 맺을 수 없습니다.

요한복음 15:7-8을 다시 함께 읽겠습니다.

> 너희가 내 안에 거하고 내 말이 너희 안에 거하면, 무엇이든지 너희가 원하는 것을 구하여라. 그러면 너희에게 이루어 질 것이다. 너희가 많은 열매를 맺어 내 제자가 되면, 이것으로 내 아버지께서 영광을 받으실 것이다(요 15:7-8).

예수님 안에 거하고 구하면 당연히 예수님이 원하시는 것을 구할 것이고 예수님의 뜻대로 구하고, 불순종으로 인한 기도는 하지 않을 것입니다. 다듬어 지고 정결케 되고 예수님 안에 거한 사람들의 기도는 들어 주실 것입니다. 왜냐하면 하나님의 나라와 뜻을 구하는 기도를 할 것이기 때문입니다.

거한다는 것과 열매 맺는다는 것은 선한 행실을 계속 한다는 것입니다. 선한 행실이 꼭 전도만 말하는 것이 아닙니다. 똑같은 일을 해도 예수님 안에 거하면 그것은 열매 맺는 선한 행실이 되는 것입니다. 구제를 해도, 기도를 해도, 금식을 해도, 청소를 해도, 이웃과 일터에서, 가정과 결혼생활에서, 학교와 교회에서, 하나님께 영광이 되고 다른 사람들이 하나님께 영광을 돌리는 것입니다. 개인적인 삶, 공동체 삶, 그런 모든 행실을 통해 하나님께 영광을 돌리는 것이 하나님께 열매를 맺는 것입니다.

2005년도 「개신 논집」을 보면 명예 총장님께서 권두언에 '살리는 신학, 살아 있는 목회'에 대해서 글을 쓰셨습니다. 그 중에서 '제자를 양성하는 목회자'에 대해 말씀하십니다.

"다섯째, 제자를 양성하는 목회자가 되어야 살리는 목회를 할 수 있습니다. 예수님께서 제자를 기르는 인생을 사셨고, 제자 양성의 대임을 그의 제자들에게 맡기셨습니다. 우리 목회자는 성도들이 예수 믿고 교회 출석하는 것으로 만족해서는 안 됩니다. 훈련을 시켜야 합니다. 소도 멍에를 메고 밭가는 훈련을 받아야 소다운 소가 됩니다. 사람은 말할 것도 없습니다. 그들의 인생관을 고치고, 그리스도인으로서의 철학을 정립하고, 그리스도인으로서의 생활을 익혀야 합니다. 훈련이 없는 들 나귀처럼 우리들을 내버려 둘 수는 없습니다. 제자를 양성하려면 먼저 본인부터 성실한 제자가 되어야 합니다. 조치훈 기사는 이창호를 자기의 애제자로 삼아 세계 바둑의 1인자로 길렀습니다. 세상 사람도 이렇게 하는데 우리는 말할 것도 없습니다. 나는 여러분들이 제자훈련을 시키기 전에 먼저 예수님의 성실한 제자가 되시기를 바랍니다."

결론

말씀을 맺겠습니다.

오늘 본문을 통해 예수님께서 어떤 제자를 원하시는지 그의 제자들에게 친히 말씀해 주셨습니다. 또한 여러분과 저에게도 말씀하십니다. '많은 열매를 맺는 제자가' 되어서 하나님께 영광을 돌리기를 주님은 간절히 원하고 계십니다. 주님 안에서 순종으로 다듬어지고, 더 큰 열매를 맺기 위해 정결함 받고, 경건의 훈련을 통해 예수님과 친밀한 관계를 가질 때 제자를 양성하는 목회자 곧 그리스도의 제자가 될 것입니다.

필자는 학교의 청중을 위해서 학교와 관련된 내용들을 인용하여 성경 본문을 설명하였다. 신학생들에게 맞춘 서론과 결론을 개발하였다. 남성과 지성인의 비율이 더 높은 학교 청중들을 위해 통계와 일반 지식을 인용하였고, 유명 저자나 교수의 가르침을 언급함으로써 감성적인 면보다는 지적인 부분을 더욱 강조하였다.

같은 본문으로 필자가 교회 청중에게 설교할 때 주의해야 할 점은 무엇일까?

교회 청중의 특징을 살펴보면 연령 평균이 40-50대로 높은 편이며 여성 성도가 70% 이상을 차지하고 있다. 또한 연령이 높고 역사가 깊은 교회일수록 전통적이다. 그렇다면 설교 예화를 고를 때 젊은 세대들 사이에 유행하는 단어나 최신 영화를 언급하는 것은 삼가는 것이 좋을 것이다. 그들을 이해하기 위해서 그 연령대의 친인척들에게 그들의 취미나 일상생활에 대해 여쭤 보는 것도 좋겠다. 다음은 필자의 교회에서 설교한 설교문이다. 학교의 설교문과 비교하며 어느 부분이 달라졌는지 살펴보기를 바란다.

본문: 요한복음 15:1-8
제목: 거하라, 구하라, 이루라!

본론

오늘 본문의 말씀은 요한복음 14:31에서 예수님께서 제자들과 함께 다락방에서 '일어나라, 여기에서 떠나자'고 하시며 말씀하신 비유입니다.
예수님께서 어디로 일어나 가자고 하셨나요?
바로 겟세마네 동산에 십자가를 지시기 위해 기도하러 가시기 전에 말씀하신 비유입니다. 이 말씀은 크리스천을 위한 말씀입니다. 가룟 유다가 떠난 후 열한 제자만을 위한 돌아가시기 전의 말씀입니다. 이것은 예수님을 따르는 제자들을 위한 말씀이었습니다. 예수 믿는 성도님들은 꼭 깨달아 알아야 하는 말씀입니다.
그 당시에 사람들은 포도원에 대해서 아주 잘 알았습니다. 포도나무는 어떻게 생겼는지, 어떻게 가꾸어야 하는지, 용도가 무엇인지, 그래서 그런 비유를 예수님께서 사용하셨습니다. 포도나무는 성경에, 그리고 구약성경에도 자주 나오는 이스라엘의 식물 중 하나입니다.
특히 시편 80:8 "주께서 한 포도나무를 애굽에서 가져다가 열방을 쫓아내시고 이를 심으셨나이다." 이사야 5:4 "내가 내 포도원을 위하여 행한 것 외에 무엇을 더할 것이 있었으랴 내가 좋은 포도 맺기를 기다렸거늘 들 포도를 맺힘은 어찜인고"에 등장합니다. 예레미야 2장에서도 나오는데, 포도나무는 곧 이스라엘을 상징하고 있습니다. 이사야서 5장을 보면 농부 되신 하나님께서 심히 기름진 산에다 땅을 파서 돌을 제하고 극상품 포도나무를 심어 좋은 포도 맺기를 기다리셨다고 합니다. 하지만 포도나무는 최상급 포도가 아니라 아무 쓸모없는 들 포도를 맺었습니다.

　하나님의 극진한 사랑과 돌보심에도 불구하고 죄악의 열매만을 맺은 이스라엘을 지적하고 있는 이사야의 포도나무 비유입니다. 그러한 이스라엘과 대조하여 예수님은 자신을 참 포도나무라고 말씀하십니다. 최상급 열매를 맺는 포도나무이신 예수님에게 붙어있는 가지는 자연스레 좋은 열매를 맺게 된다는 것입니다.

　주님은 우리 한 사람 한 사람이 하나님의 영광을 위해 열매 맺기를 원하십니다. 하나님께 영광의 열매를 맺기 위한 첫 번째 단계는 거하라! 입니다.

요한복음 15:4-5을 다 함께 읽겠습니다.

> 내 안에 거하라 나도 너희 안에 거하리라 가지가 포도나무에 붙어 있지 아니하면 절로 과실을 맺을 수 없음 같이 너희도 내 안에 있지 아니하면 그러하리라. 나는 포도나무요 너희는 가지니 저가 내 안에, 내가 저 안에 있으면 이 사람은 과실을 많이 맺나니 나를 떠나서는 너희가 아무 것도 할 수 없음이라(요 15:4-5).

　오늘 본문에서 매우 중요한 예수님의 말씀은 계속해서 반복되는 "내 안에 거하라"입니다. 4절에서 10절까지 '거하라'는 말이 계속해서 나옵니다. 예수님 안에 거하라는 의미는 예수님과 가까이 하라는 것입니다. 친밀한 관계를 유지하라는 것입니다. 포도나무 가지는 가지 혼자만으로는 아무 소용없습니다. 나무에서 분리되는 순간 말라 비틀어지게 되어있습니다. 열매도 맺을 수 없습니다. 가구를 만들 수도 없습니다. 잘해봤자 땔감으로 사용됩니다. 그러나 나무에 붙어있는 가지는 생명이 있습니다. 열매를 맺을 수 있습니다. 귀중히 사용되는 것입니다.

그런데 나무에 붙어있다고 다 똑같은 가지가 아니라는 사실을 아십니까?

주님과 지속적으로 교제하며 성장해 가는 가지만이 더욱더 풍성한 열매를 맺는다고 말씀하십니다. 이러한 사용 받는 가지가 되려면 동반되는 필수 과정이 있습니다. 바로 제거함과 깨끗함을 받는 과정입니다.

제거함의 과정을 먼저 말씀 드리자면 '제거하다'가 영어로 'cut off,' 'take away'로 되어 있는데, 성한 가지를 싹둑 잘라 버리는 것이 아닙니다. 이것은 가지의 성장에 걸림돌이 되는 불필요한 것들을 잘라낸다는 것입니다. 또는 들어 올린다는 뜻이 있습니다. 그래서 불순종의 상태에서 순종의 상태로 가기 위해 죄를 제거하시고 그 사람의 불순종을 제거하시는 단련의 단계로 볼 수 있습니다.

또 원래 포도나무 열매는 가지에 열리는 것이 아니라 가지 끝에 열립니다. 포도가 열리기 위해서는 가지가 햇빛에 잘 쬐이도록 올려져 있어야 합니다. 포도나무 가지는 그냥 놔두면 땅에 떨어집니다. 혼자의 힘으로 지탱이 안 됩니다. 그래서 울타리를 만들어서 가지를 올려줍니다. 또한 바람이 불거나 동물들로 인해서 가지들이 땅으로 자꾸 떨어집니다. 그런 가지들을 들어 올려 주어야만 열매를 맺을 수 있습니다. 그런 차원에서 제하여 버리신다는 것은 들어 올린다는 뜻도 있습니다.

하나님께서는 열매 없는 성도들을 가만히 놔두지 않으십니다. 썩게 놔두지 않고, 편한 데로 두지 않고, 자꾸 들어 올리시고, 간섭하시고, 열매를 맺기 위해 재촉하시고, 그 삶의 자극제도 주십니다. 처음에는 약한 방법으로, 그래도 순종하지 않고 죄의 길로 가기를 고집한다면 더욱 강한 방법으로 재촉하십니다. 심지어 그것이 육체적인 병일 수도 있고 가까운 사람의 죽음일 수도 있습니다. 죽어가는 가지를 살리기 위해, 우리가 순종의 열매를 맺을 수 있도록 들어 올리시고 다듬으십니다.

> 하나님은 요나에게 니느웨로 가서 하나님의 말씀을 전하라고 하셨지만 요나는 하나님의 뜻을 거역하고 다시스로 도망을 갔습니다. 그때 하나님께서는 바다 위에 강한 바람을 보내시고 큰 폭을 일으켜 요나를 물고기 뱃속에 삼 일을 갇혀 있게 하셨습니다. 이처럼, 하나님은 우리를 죄악과 유혹으로부터 돌이키십니다.

성도는 하나님의 영광을 위해 열매를 맺어야 합니다. 더 많이 맺어야 합니다. 그러기 위해서 깨끗하게 하십니다.

2절 하반절과 3절을 보면 "무릇 과실을 맺는 가지는 더 과실을 맺게 하려 하여 이를 깨끗케 하시느니라. 너희는 내가 일러 준 말로 이미 깨끗하였으니"라고 말씀하십니다.

처음 과정에서 제거하신다는 것은 썩고 말라 비틀어진 것을 다 제거해 버린다는 것입니다. 그런데 여기서는 잎이 너무 많으면 포도가 잘 자랄 수 없기 때문에 살아 있는 잎을 잘라 버릴 수도 있습니다. 제거하여 버리고 깨끗하게 가지를 다듬어 줍니다. 포도나무는 그냥 놔두면 잎사귀만 커지고 확 번창되면서 열매는 조그마해지고 떨떠름해지면서 맛이 없어집니다. 농부는 잘 다듬어 주고(제거해 주고), 나쁜 곁가지들을 제거해 주는 일을 1년 내내합니다.

포도는 가장 손이 많이 들어가는 과일 중 하나라고 합니다. 심고 나면 알아서 자라는 과일이 아닙니다. 포도의 첫 열매를 위해서는 3년을 기다려야 합니다. 3년 내내 농부의 지극한 정성이 필요합니다. 이렇게 포도나무 가지의 잎을 잘 손질해 주면 더욱 달고 풍성한 열매를 맺게 됩니다. 깨끗하게 하는 것은 가지치기입니다. 농부는 생산성을 높이고 가지를 건강하게 하기 위해 물이나 비료를 주고 살충제를 줍니다. 하지만 깨끗하게 하는 가지치기가 가장 중요합니다. 이것은 가지뿐만 아니라 성도님들에게도 동일하게 적용되는 것입니다. 깨끗하게 하면 가지와 잎사귀에 영양분이 잘 흐르게 됩니다.

깨끗하게 하는 것은 정결케 하기 위한 것입니다. 징계처럼 아프겠지만 징계만을 위한 것이 아니라 정결케 하기 위한 것입니다. 히브리서 12:8에 보면 "징계는 다 받는 것이거늘 너희에게 없으면 사생자요 참 아들이 아니니라," 11절을 이어서 보면 "무릇 징계가 당시에는 즐거워 보이지 않고 슬퍼 보이나 후에 그로 말미암아 연단한 자에게는 의의 평강한 열매를 맺나니"라고 말씀합니다.

그렇습니다. 더 많은 열매를 맺기 위해서입니다. 의의 평강한 열매를 맺기 위해서입니다. 볼품없는 돌을 아름다운 다이아몬드로 만들기 위해 깎아내듯이, 순금을 얻기 위해 풀무불에 녹이는 것처럼 더 좋은 열매를 맺기 위한 과정입니다.

> 구약성경에 보면 우스 땅에 욥이라는 사람이 있었습니다. 그는 순전하고 정직하며, 하나님을 경외하고 악을 멀리한 사람입니다. 그에게는 열 명의 자녀들이 있었고, 소유가 아주 많았고, 동방의 그 어떤 사람보다 위대했습니다. 자녀들의 신앙교육에도 특히 힘을 썼습니다. 그럼에도 불구하고 욥은 모든 소유와 건강을 잃었습니다. 친척들과 친구들도 욥을 멀리했습니다. 하나님께서는 욥의 경우와 같이 죄가 없음에도 불구하고 **뼈를 깎는 고통**을 주실 때가 있습니다. 욥이 고통의 과정을 잘 통과한 뒤 하나님은 욥에게 그 이전에 가졌던 모든 것을 두 배로 더해 주셨습니다. 수를 다 누리고 죽었습니다. 이처럼 어려움 속에서 주님을 부인하지 않고 끝까지 따르는 자가 진정으로 주님 안에 거하는 성도입니다.

거한다는 것과 열매 맺는 다는 것은 선한 행실을 계속해서 하는 것입니다. 선한 행실이 꼭 전도만을 말하는 것은 아닙니다. 똑같은 일을 해도 예수님 안에 거하면 그것은 열매 맺는 선한 행실이 되는 것입니다. 구제를 해도, 기도를 해도, 금식을 해도, 청소를 해도, 이웃과 일터에서, 가정과 결혼 생활에서, 학교와 교회에서, 하나님께 영광이 되고 다른 사람들이 하나님께 영광을 돌리는 것입니다. 개인적인 삶, 공동체적인 삶, 그런 모든 행실을 통해 하나님께 영광을 돌리는 것이 하나님께 열매를 맺는 것입니다.

주님 안에 거하는 자는 제거함과 깨끗함이라는 힘든 과정들을 겪는다고 낙심하지 않습니다. 왜냐하면 주님은 엄청난 약속을 주셨기 때문입니다.

하나님의 영광을 위해 열매를 맺기 위한 두 번째 단계는 '구하라' 입니다. 7절을 다시 함께 읽겠습니다.

> 너희가 내 안에 거하고 내 말이 너희 안에 거하면 무엇이든지 원하는 대로 구하라 그리하면 이루리라(요 15:7).

주님 안에, 하나님의 말씀 안에 거하는 자에게 주시는 약속입니다. 무엇이든지 원하는 것을 구하라고 말씀하십니다. 주님 안에 거하는 자는 기도의 능력이 있습니다. 잠언 15:29 말씀처럼 하나님은 의인의 기도를 들으십니다.

반대로 말하면 주님 안에 거하지 않고, 말씀대로 살지 않고, 성령님의 인도하심을 따라 살지 않는 자의 기도는 멀리하신다는 것입니다. 어떻게 보면 예수님 안에 거하고 하나님의 말씀에 따라 살면 당연히 예수님이 원하시는 것을 구할 것이고 예수님의 뜻대로 구하고, 불순종으로 인한 기도는 하지 않을 것입니다. 그들은 하나님의 나라와 뜻을 구하는 기도를 할 것입니다.

주님은 그의 자녀들이 하나님의 영광을 구하기를 원하십니다. 예수님 믿고 나만 잘 살고 천국가면 된다는 안일한 생각에서 벗어나, 하나님의 나라와 그 뜻이 이 땅에 이루어지기를 간절히 구하기를 원하십니다. 주님은 우리가 우리의 삶과 환경을 벗어나 하나님의 역사하심을 위하여 간구하고 기도하기를 원하십니다. 그러한 기도를 할 때 하나님께서 심히 기뻐하시며 응답하실 것입니다.

그뿐만 아니라 마태복음 6:33 "너희는 먼저 그의 나라와 그의 의를 구하라. 그리하면 이 모든 것을 너희에게 더하시리라"는 말씀처럼 이 모든 것을 우리에게 더 하실 것을 약속하십니다. 그렇다고 개인적인 기도제목은 구하지 말라는 것이 절대로 아닙니다. 주님께서도 일용할 양식을 위하여 기도하셨습니다. 다만 하나님의 나라와 그의 의가 이루어지기를 먼저 기도하셨습니다. 우선순위가 우리와 다르셨습니다. 우리는 나 먼저, 우리 자식, 우리 가족 먼저 생각하는 것이 수월합니다. 남보다는 나부터, 우선 내가 살고 보자입니다.

하지만 참된 포도나무 되신 주님은 하나님의 나라와 의, 그의 영광이 항상 우선이셨습니다. 갈보리 언덕 십자가에 달려 죽기까지. 그럼을 통해 내가 죽고 내 안에 예수 그리스도가 살도록. 성도는 이러한 주님의 모습을 본받아 하나님의 영광을 위해 살고 죽고 구하여야 합니다.

하나님의 나라가 이 땅에 임하도록 구하십시오. 내 뜻, 내 욕망이 아니라 하나님의 뜻과 의가 내가 있는 그 곳부터 변화시키도록 구하십시오. 우선순위를 하나님께 두고 하나님의 말씀에 따라 살 수 있도록 구하십시오. 하나님의 말씀을 이해하고 성령님의 인도하심을 따라 기도할 수 있도록 구하십시오. 하나님이 원하시는 영광의 열매를 맺을 수 있도록 구하십시오.

하나님께 영광의 열매를 맺기 위한 세 번째 단계는 '이루라' 입니다.

요한복음 15:7-8 말씀을 다시 한 번 읽겠습니다.

> 너희가 내 안에 거하고 내 말이 너희 안에 거하면 무엇이든지 원하는 대로 구하라 그리하면 이루리라 너희가 과실을 많이 맺으면 내 아버지께서 영광을 받으실 것이요 너희가 내 제자가 되리라(요 15:7-8).

영어로 '너희에게 이루어 질 것이다'는 'given to you'입니다. 같은 단어가 신약에 여러 번 나오는데요. 주로 "너희에게 주실 것이요," "그들을 위하여 이루게 하시리라," "다 받으리라," "내가 행하리라," "다 받게 하려 함이라"는 의미로 사용되고 있습니다. 즉 더 정확하게 말하면 어떤 일을 이룬다는 뜻보다는 '구하는 것 모두 주어진다'는 의미에 가깝습니다. 어떤 업적을 이룬다는 게 아니라 무엇이든 원하면 이루어 질 것이고 응답 받을 것이라는 말입니다.

누구나 이러한 생각을 한 번쯤 해봤을 것입니다.
'나도 로또 당첨이 되어 봤으면 소원이 없을 텐데.'
정말 우리들에게 로또가 당첨된다면 어떨까요?
저는 이미 당첨되었다고 말씀 드리고 싶습니다. 오늘 본문의 말씀에 근거하여 주님 안에 거하고 주님의 뜻대로 구하는 자에게 모든 소원을 이루어 주신다고 하셨습니다. 이것은 이 세상의 그 어떤 로또보다도 확실하고 분명한 약속입니다.
하나님은 무엇 때문에 이러한 약속을 하셨습니까?
바로 자신의 영광을 위해서 하신 것입니다. 하나님의 영광이 달려있습니다. 우리가 주님 안에 거하고, 구하며, 열매를 맺는 것이 하나님의 영광을 좌지우지할 수 있다는 사실입니다.

　최근에는 하나님의 영광을 가리는 교회, 교인, 목회자들의 소식을 많이 접하여 왔습니다. 내부에서 갈라지고 외부에서도 많은 공격을 당하고 있는 교회들이 많이 있습니다. 한국교회의 전반적인 상황이라고 볼 수 있습니다. 기독교의 이미지가 얼마나 많은 타격을 입었는지 모릅니다. 정말 가슴이 아픈 현실입니다.

　사랑하는 OOOO교회 성도 여러분! 우리는 이제 하나님께 영광을 이루어야 할 때입니다. 우리의 삶 속에서 하나님의 영광이 드러나야 할 때입니다. 그러기 위해 직장과 사업터에서, 가정에서, 부모와 자식과의 관계 속에서, 아내와 남편 사이에서, 상사와 직원들 사이에서, 주님 안에 거하며 기도하며 응답받으며 하나님께 영광 돌리는 성도가 되어야겠습니다.

결론

　제가 가장 잘 알고 있는 존경하는 목사님과 사랑하는 교회 이야기를 하고 말씀을 맺으려고 합니다. 그 목사님은 지방에서 부흥하는 교회를 목회하셨습니다. 교회에서 어려움을 당하고 굶어 죽더라도 서울 가서 복음을 전하자는 아내의 말을 하나님의 뜻으로 알고 뇌성소아마비인 다섯 살 큰 아들과 둘째 아들의 손을 잡고 서울로 올라오셨습니다. 서울에 올라오신 목사님은 가난한 달동네에 "이 반석 위에 내 교회를 세우리니 음부의 권세가 이기지 못하리라"(마 16:18)는 말씀에 근거하여 교회를 세우시고 오직 복음과 예수 그리스도, 오직 말씀과 기도와 전도를 외치셨습니다.

　후배 목사들과 성도님들에게 깊은 감동을 주는 기도와 심방의 일화가 수 없이 많았던 분, 성도들을 사랑하는 마음이 정말 남달랐던 분, 수 없는 배신을 당해도 그분들을 용서하셨던 분, 흰 고무신을 신고 리어카를 끌고 달동네를 누비며 가난한 분들에게 쌀을 나누어 주며 예수님의 사랑을 몸소 실천했던 분, 은퇴하시기 전까지 당신 집에서 매주 수십 명의 사랑하는 성도들과 교제하며 따뜻한 밥을 대접했던 분, 성격이 급해 상대방이 그분의 말을 잘 알아듣지 못해도 그 목사님이 섬기셨던 교회는 70-90년대 엄청난 영적인 부흥을 경험하게 됩니다. 한국교회의 칭찬을 받으며 주께서 날마다 구원받는 자들을 더하게 하셨습니다. 그러면서도 독재 정권의 500평의 서울 금싸라기 땅도 받지 않은 분.

　그런 상황 속에서도 기도 가운데 세계적인 교육관을 설립하겠다는 꿈과 비전을 가지고 교단에 약 4,000 교회, 20-30만 성도가 있었지만, 한 교회가 신학대학교를 세우게 됩니다. 한국교회가 근본주의로 찌들어 가며 분열하며, 정죄하는 이 시대에 '살리는 신학, 살아 있는 목회'를 감당하며 주님 오시는 그날까지 사명을 감당할 교회. 수없는 영혼들을 구원해내는 역할을 감당한 교회. 몇 년 전 음부의 권세가 그 교회를 삼키려고 했으나 이기지 못했던 교회. 그리고 후임 목사님을 통해 새롭게 교회를 리모델링하며 국공립어린이집과 돌봄센터를 통해 지역사회에 공헌하며 다시금 영적인 부흥을 소망하는 교회. 그 교회가 바로 OOOO교회입니다.

　우리 OOOO교회가 이 OO동에서, 우리 지역사회에서 하나님의 영광을 나타내야 할 때입니다. 그러기 위하여 우리의 옷깃을 다시금 여

미며 더욱 말씀과 기도에 힘쓰고 전도의 열매를 맺어야 되겠습니다. 이제는 오직 복음입니다. 이제는 오직 예수 그리스도입니다. 우리 교회의 소망은 예수 그리스도 밖에 없습니다. 한국 민족의 미래는 예수 그리스도 밖에 없습니다. 다시 한 번 우리 OOOO교회가 한국과 아시아에서, 그리고 더 나아가 온 세상에 하나님의 영광의 빛을 비추는 교회가 되기를 간절히 원합니다. 그것이 하나님의 선하신 뜻이며, 하나님께서 구하는 자들에게 이루어 주실 것을 약속하셨습니다. 이 복들을 자손만대 받아 누리는 저와 여러분 되시기를 예수님의 이름으로 간절히 축원합니다. 찬송 178장 힘있게 찬송하시고 기도하시겠습니다.

위와 같이, 같은 본문이라도 청중에 따라 많이 다르게 전달할 수 있다. 예를 들어 전통적인 교회의 특징 때문에 성경의 예화를 많이 인용하였다. 교회의 역사와 주요 인물을 언급하면서 감정적인 면에 호소하였다. 청중의 연령의 폭이 넓기 때문에 적용도 보다 보편적인 내용을 사용하였다. 두 편의 설교가 본문 석의 이외의 부분이 많이 다르다고 느껴질 것이다. 그것이 당연하다. 같은 본문으로 어린 유년부 친구들에게 설교를 한다면 다르게 하는 것이 당연하다.

청중의 나이 하나만 고려하더라도 20, 30대와 50, 60대는 다르지 않은가?

심지어 10대와 20대의 차이도 무시 할 수 없다. 다양한 청중에 따라 설교 본문 석의를 제외한 모든 부분(도입, 이미지, 적용, 예화 등)은 청중 맞춤이 되어야 한다.

이제 당신은 열심히 본문을 석의하여 하나님의 말씀을 청중에게 맞추어 성령이 주신 능력으로 설교를 선포했다.

강단을 내려오는 순간 방금 선포 된 그 설교는 역사 속으로 영영 잊혀지는 것인가?

요즘 시대는 웬만하면 설교를 금방 CD에 굽거나 테이프에 녹음하여 얻을 수 있다.

좀 부담스러울지라도 자신의 설교를 다시 한 번 들어보는 것이 어떨까?

그러면서 설교를 통한 성령님의 역사하심도 다시금 느끼면서 그 누구보다도 자신의 설교에 날카로운 평가자가 되어 설교를 어떻게 하면 더 효과적으로 할 수 있을지에 대해 생각하는 시간을 가지면 좋을 것이다.

'어느 부분에서 청중의 반응이 좋았는가?'

'그 부분에서는 왜 청중이 이해하지 못하는 표정을 지었을까?'

'다시 한다면 어떤 변화를 주어 청중들의 집중을 사로잡을 것인가?'

이와 같은 질문들을 해보길 원한다. 사모의 평가도 도움이 되고 성도들의 격려도 좋지만 설교자의 설교를 가장 잘 평가할 수 있는 사람은 설교자 자신이 되어야 한다. 청중 맞춤 작업은 설교자가 설교를 하는 한 계속되는 작업이다.

필자는 서울 광화문 근처에 있는 생명의말씀사에 들릴 일이 있었다. 건물 옆 주차장이 만 차인 관계로 옆에 위치한 서울역사박물관 주차장에 차를 세웠다. 박물관을 지나서 생명의말씀사로 가는 중 한 문구가 눈에 들어왔다. '22번의 교정'이라는 주제로 건축가 박학재의 기증유물특별전을 광고하는 배너가 박물관 앞에 크게 걸려 있었다. 알아본 결과 22번의 교정 과정을 통해 완성된 건축가 박학재의 『서양건축사정론』은 1970년대 서양건축사에 획기적인 저술이었다. 그 자료가 주목을 받을 만한 이유는 '22번의 교정'이라는 노력의 과정 끝에 얻어진 결과물이라는 것이다. 즉 역사적인 가치를 인정받을 만한 결과물을 얻기 위해서는 피눈물 나는 노력 없이 불가능하다는 것이다.

설교자에게 설교는 무엇인가?

주말에 한 번 하고 다시는 돌아보지 않는 행위인가?

설교자가 하고 싶은 말을 성경 말씀을 인용하여 나의 방식대로 전하는 시간인가?

청중에게 설교는 무엇인가?

정말 좋은 내용이지만 나와 아무 상관없는 말인가?

시원한 에어컨 바람을 맞으며 잠을 잘 수 있는 시간인가?

필자는 설교문을 22번 교정할 것을 요구하지 않는다. 다만 지금보다 한 번이라도 더 살펴보기를 원한다. 그리고 청중의 눈으로 보길 원한다. 성경의 진리가 청중의 진리가 되기를 소원하는 마음으로 다시 한 번 청중을 살피며 설교문을 교정할 때 우리 모두가 하나님 앞에서 부끄럽지 않은 설교자가 될 것이다.

설교와 청중

Preaching and Audience

부록: 설교에 대한 의견 설문조사지[1]

사인하지 말고 무기명으로 해 주십시오.

다음의 인적 사항을 먼저 채워 주십시오.

성 　　　 남자___ : 여자___

나이 　　 18-29세__ : 30-39세__ : 40-49세__

　　　　 50-59세__ : 60세이상__

교회 참석　1년 미만___ : 1-3년 미만___ : 3년이상___

여러분이 최근에 들었던 설교에 관한 질문입니다. 다음에 언급된 내용에 찬성이든지 반대하든지 상관없이 표시해 주시기 바랍니다.

1　Boyd E. Stokes, "Sermon Reaction Questionanaire."

만약 강하게 동의하면 1, 동의한다면 2, 잘 모르겠다면 3, 동의하지 않는다면 4, 강하게 동의하지 않는다면 5에다 동그라미를 표시해 주십시오.

여러분의 정직하고 솔직한 의견에 미리 감사드립니다.

                동의 동의 안함

1. 내 관심은 지속되었다.   1 2 3 4 5
2. 설교는 예배 순서에 통합되어 있었다.   1 2 3 4 5
3. 나는 감동을 받지 않았다.   1 2 3 4 5
4. 설교자의 개성이 나타났다.   1 2 3 4 5
5. 성경 본문이 사용되지 않았거나 명확하지 않았다. 1 2 3 4 5
6. 설교자가 현대 언어를 사용했다.   1 2 3 4 5
7. 설교자가 개인적인 신앙을 증명하지 못했다. 1 2 3 4 5
8. 설교가 너무 길었다.   1 2 3 4 5
9. 설교를 잘 이해하지 못했다.   1 2 3 4 5
10. 설교자가 너무 자주 원고에 의존했다.   1 2 3 4 5
11. 설교자가 우리를 사랑하고 있는 것같이 느껴졌다. 1 2 3 4 5
12. 설교는 나의 개인적인 필요의 일부분에 대해 말했다. 1 2 3 4 5
13. 설교는 그리스도의 위대함을 강조하기에는 충분하지 않았다.   1 2 3 4 5
14. 설교자는 자신감을 보여 주었다.   1 2 3 4 5
15. 설교는 내가 이미 하나님을 섬기고 있는 것 이상으로 하나님을 섬기길 원하도록 만들지 못했다. 1 2 3 4 5

16. 나는 설교자와 일체감을 가졌다.   1 2 3 4 5
17. 설교자는 우리를 비하하며 말했다.   1 2 3 4 5
18. 설교에 충분히 설득력 있는 결론이 없었다.   1 2 3 4 5
19. 설교는 내가 하나님을 만나는 데 도움이
    되지 않았다.   1 2 3 4 5
20. 나는 설교의 요점 전부 혹은 대부분을
    기억할 수 있다.   1 2 3 4 5

*** 처음 설문지를 작성했을 때와 설교에 대해 달라진 점이 있다면 무엇인가?

→

여러분의 시간과 정직함에 감사 드립니다. 이 설문지를 완성한 후에 다시 돌려주시기를 바랍니다.

설교와 청중

Preaching and Audience

미주

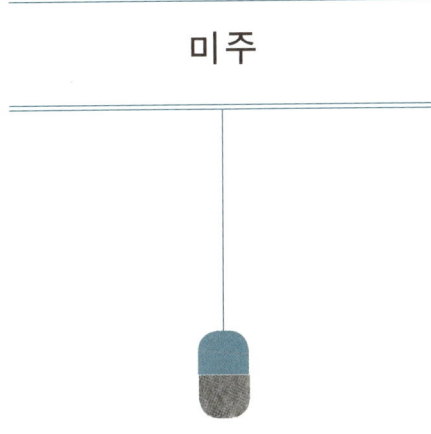

제1장
왜 청중 맞춤 설교가 중요한가?

1   John Stott, *Between Two Worlds* (Grand Rapids: William B. Eerdmans Publishing Company, 1982), 15.
2   Leander Keck, *The Bible in the Pulpit: The Renewal of Biblical Preaching* (Nashville: Abingdon, 1978), 11.
3   레이너의 설문 조사 결과는 교회 출석자들이 교회에 나가는 이유의 90%는 목회자와 설교에 있다고 나타냈다. Thom Rainer, *Surprising Insight from the Unchurched and Proven Ways to Reach Them* (Grand Rapids, Michigan: Zondervan, 2001), 77-124, 301-20.
4   Wayne V. McDill, *The Moment of Truth: a Guide to Effective Sermon Delivery* (Nashville, TN: Broadman & Holman Publishers, 1999), 39.
5   Fred B. Craddock, *Preaching* (Nashville: Abingdon Press, 1985), 84.
6   Craddock, *Preaching*, 85.
7   Craddock, *Preaching*, 85.
8   J. Kent Edwards, *Deep Preaching* (Nashville: B&H Publishing Group, 2009), 20.
9   T. Harold Bryson, *Building Sermons to Meet People's Needs* (Nashville:

Broadman Press, 1980), 17.
10 Walter A. Elwell, *Evangelical Dictionary of Theology*, 2nd ed. (Michigan: Baker Academic, 2001), 960-1.
11 Edwards, *Deep Preaching*, 37.
12 성육신적 소통이 효과적인 또 다른 2가지 이유들은: "개인적인 설교는 개인의 신빙성을 포함한다."와 "당신의 존재감 자체가 당신의 청중을 소중히 여긴다는 증거가 된다." Edwards, *Deep Preaching*, 38.
13 Warren Wiersbe, *The Dynamics of Preaching* (Grand Rapids: Baker Books, 1999), 15.
14 정장복, 『한국교회의 설교학개론』(서울: 예배와 설교 아카데미, 2001), 33.
15 성서교재사 편집, 『한국설교대전집』, vol. 1-12 (서울: 성서교재사, 1978).
16 김운용, 『설교의 새로운 패러다임』(서울: 장로회신학대학교 출판부, 2007), 109-10.
17 Wonsuk James Roh, "A Reflection upon the Loneliness of Korean Elderly in Family Support: A Christian-pastoral Perspective" (Ph. D. diss., University of Pretoria, 2007), 150-151.
18 Roh, "A Reflection upon the Loneliness of Korean Elderly in Family Support", 151.
19 Wikipedia, "Economy of South Korea" online: (accessed 22 February 2011).
20 김운용, 『설교의 새로운 패러다임』, 113.
21 목회와 신학 편집부, 『한국교회 설교분석』(서울: 두란노아카데미, 2009), 17.
22 『한국교회 설교분석』, 12.
23 『한국 기독교 분석 리포트』(서울: 도서출판 URD, 2014), 292.
24 『한국 기독교 분석 리포트』, 13.
25 『한국 기독교 분석 리포트』, 20.
26 청중맞춤에 대한 필요성의 인식과 노력은 60대의 설교자들보다 30대의 설교자들이 더 강한 것으로 나타났다.
27 『한국 기독교 분석 리포트』, 23.

제2장
청중 맞춤 설교의 성경적, 신학적 기초

1. Alan Carefull, *The Priest as Preacher* (Birmingham: Additional Curates Society, n. d.), 2.
2. Craddock, *Preaching*, 52.
3. Zachary W. Eswine, ""A Deep Sense of Dependence": Preaching Christ in the Power of the Spirit," Presbyterion 32/1 (Spring 2006): 4.
4. Millard J. Erickson, *Christian Theology*, 2nd ed. (Grand Rapids: Baker Books, 1999), 177.
5. Erickson, *Christian Theology*, 178.
6. The NIV Study Bible, study notes in Introduction to Esther, 719.
7. 욥 12:23. 역사를 일반계시로 보여주는 다른 구절들은 다음과 같다: 시 47:7-8, 66:7; 사 10:5-13; 단 2:21; 행 17:26.
8. Erickson, *Christian Theology*, 201-2.
9. Erickson, *Christian Theology*, 201.
10. Fred Craddock, "The Sermon and the Uses of Scripture," *Theology Today* 42, no. 1 (1985): 10.
11. Peter Adam, *Speaking God's Words: a Practical Theology of Preaching* (Vancouver: Regent College Publishing, 2004), 27.
12. Erickson, *Christian Theology*, 215.
13. Steven W. Smith, "Christology of Preaching," *Southwestern Journal of Theology* 50, no. 2 (2008): 137.
14. Wiersbe, *The Dynamics of Preaching*, 15.
15. Adam, *Speaking God's Words*, 15. 두 번째 신학적인 기초는 "역사 속의 계시 가운데 하나님은 그의 말씀을 미래의 세대들을 위해 보존하셨다는 믿음"이다. 세 번째는 "하나님의 말씀을 선포하고, 가르치고 설명하여서 사람들로 하여금 격려하고 반응하도록 재촉하는 하나님이 주신 사명"이다.
16. J. I. Packer, *God has Spoken* (Grand Rapids: Baker, 1979), 27.
17. Henry Bullinger, "The First Decade. Sermon One: Of the Word of

God", in *The Decades of Henry Bullinger*, ed. Thomas Harding (Cambridge: Cambridge University Press, 1894), 55–56.

18 Elwell, *Evangelical Dictionary of Theology*, 948.
19 W. E. Vine, *Vine's Expository Dictionary of Old and New Testament Words* (Nashville, Tennessee: Thomas Nelson, 1997), 1124.
20 W. E. Vine, *Vine's Expository Dictionary*, 874.
21 J. I. Packer, *Preaching the Living Word: Addresses from the Evangelical Ministry Assembly* (Fearn, Scotland: Mentor/Christian Focus Publications, 1999), 28.
22 벧후 2:5; 요 1:2; 사 61:1; 겔 21:2; 암 7:16; 마 3:1; 마 3:1; 행 8:25; 행 9:27; 딤전 4:13.
23 Victor Paul Furnish, "Prophets, Apostles, and Preachers" *Interpretation* 17 no.1 (1963): 49.
24 Adam, *Speaking God's Words*, 37.
25 Adam, *Speaking God's Words*, 27.
26 Elwell, *Evangelical Dictionary of Theology*, 949.
27 Greidanus, *The Modern Preacher and the Ancient Text*, 2.
28 Leon Wood, *The Prophets of Israel* (Grand Rapids: Baker, 1979), 68.
29 Furnish, "Prophets, Apostles, and Preachers", 49.
30 Furnish, "Prophets, Apostles, and Preachers", 49.
31 Adam, *Speaking God's Words*, 39–40.
32 R. Albert Mohler, Jr., *He is Not Silent: Preaching in a Postmodern World* (Chicago: Moody Publishers, 2008), 53–54.
33 The NIV Study Bible, Introductory notes on Deuteronomy, 243.
34 Andrew E. Hill & John H. Walton, *A Survey of the Old Testament* (Grand Rapids: Zondervan, 2000), 444.
35 이학재, 『선지자들의 메시지』 (서울: 기쁜날, 2008), 444.
36 Hill, *A Survey of the Old Testament*, 446.
37 Elwell, *Evangelical Dictionary of Theology*, 960–1.
38 Lewis and Lewis, *Learning to Preach Like Jesus* (Westchester: Crossway

Books, 1989), 20-21.

39　Greg Scharf, "Were the Apostles Expository Preachers?" *Trinity Journal*, n. s. 31, no. 1 (2010): 72.

40　Lewis and Lewis, *Learning to Preach Like Jesus*, 21.

41　마 5:14-15; 마 9:6; 마 9:17; 눅 15:4-7; 눅 15:8-10; 눅 15:11-32.

42　Elwell, *Evangelical Dictionary of Theology*, 949.

43　Elwell, *Evangelical Dictionary of Theology*, 949.

44　이강률, 『청중이해와 설교전달』(파주: 한국학술정보, 2008), 110.

45　John Calvin, *Commentary Upon the Acts of the Apostles, vol 1, Chapters 1-13* (Edinburgh: T. &T. Clark, 1552. Translated into English, 1965), 46.

46　I. Howard Marshall, *Acts* (Downers Grove: InterVarsity Press, 1990), 200.

47　Scharf, *Prepared to Preach*, 65.

48　스토트는 말한다. "이방청중에게 전하셨지만 그 내용은 유대인들에게 설교했던 것과 실질적으로 같았다." John R. W. Stott, *Acts* (Downers Grove: InterVarsity Press, 1990), 190.

49　"그것은 최근에 있었던 확실한 사건들과 관계가 있는 베드로의 청중이 알고 있는 일들이었다. 그 일들은 공개적이었고 베드로가 그 장소와 시간을 정확히 보여줄 수 있었다." Stott, *Acts*, 190.

50　Marshall, *Acts*, 201-202.

51　Marshall, *Acts*, 192.

52　Marshall, *Acts*, 163.

53　Greg Scharf, "Were the Apostles Expository Preachers?" *Trinity Journal*, n. s. 31, no. 1 (2010): 75.

54　Stott, *Acts*, 164.

55　Gordon Fee, *The First Epistle to the Corinthians* NICNT (Grand Rapids: Eerdmans, 1987), 432-33.

56　Jay E. Adams, *Preaching with Purpose: the Urgent Task of Homiletics* (Grand Rapids: Zondervan Publishing House, 1982), 122.

57　Craig A. Loscalzo, *Preaching Sermons that Connect: Effective Communication through Identification* (Downers Grove: InterVarsity Press,

1992), 51.

58　John Gerstner, "The Acts of the Apostles," *The Biblical Expositor: the Living Theme of the Great Book, Vol. III* (Philadelphia: A. J. Holman Company, 1960), 215.

59　N. B. Stonehouse, *Paul before the Areopagus: and other New Testament Studies* (Tyndale Press, 1957), 33.

60　이강률, 『청중이해와 설교전달』, 154.

61　*The NIV Study Bible*, study notes on Acts 17:34, 1680.

62　Donald R. Sunukjian, "Patterns for Preaching: A Rhetorical Analysis," *Dallas Theological Seminary* (1972): 149.

63　Scharf, "Were the Apostles Expository Preachers?" 81.

64　Scharf, "Were the Apostles Expository Preachers?" 90.

65　John Philips, *Exploring Revelation*, rev. ed. (Chicago: Moody Press, 1987), 41.

66　C. J. Hemer, *The Letters to the Seven Churches of Asia in Their Local Setting* (Sheffield: JSOT Press, 1986), 55.

67　Robert L. Muse, "Revelation 2-3: A Critical Analysis of Seven Prophetic Message," *Journal of the Evangelical Theological Society* (June 1986): 149.

68　J. P. M. Sweet, *Revelation*, Westminster Pelican Commentaries (Philadelphia: Westminster, 1979), 77.

69　Sweet, *Revelation*, 109-110.

70　Osborne, *Revelation*, 111.

71　H. Balz and G. Schneider, eds., *Exegetical Dictionary of the New Testament*, vol 2 (Grand Rapids: Eerdmans, 1990-93), 494.

72　J. V. Fesko, "Preaching as a means of Grace and the Doctrine of Sanctification: A Reformed Perspective" *American Theological Inquiry*, 40.

73　John Knox, *The Integrity of Preaching* (Nashville: Abingdon, 1957), 89.

74　Tony Sargent, *The Sacred Anointing: The Preaching of Dr. Martyn Lloyd-*

Jones (Wheaton, IL: Crossway, 1994), 284.

75 미 3:8; 행 1:8; 겔 3:24-27; 행 11:12; 행 13:2; 행Acts 16:6; 느 9:30; 미 3:8; 요 16:8-9.

76 사 11:2; 슥 12:10; 딤후 1:7; 요 4:23; 14:17; 14:26; 고후 4:13; 딤후 1:7; 롬 15:13.

77 Marshall, *Acts*, 77.

78 Martin Lloyd-Jones, *Preaching and Preachers* (Grand Rapids: Zondervan Publishing House, 1971), 95.

79 Lloyd-Jones, *Preaching and Preachers*, 319.

80 Walter C. Kaiser Jr., *Toward an Exegetical Theology: Biblical Exegesis for Preaching and Teaching* (Grand Rapids: Baker Academic, 1981), 236.

81 Adams, *Preaching with Purpose*, 8.

82 Calvin, *Institutes*, V.I.vii.4.

83 John R. W. Stott, *The Preachers' Portrait* (Grand Rapids: Wm. B. Eerdmans Publishing Company, 1961), 117-118.

84 Chevis F. Horne, *Dynamic Preaching* (Nashville: Broadman, 1983), 107.

85 F. F. Bruce, "The Book of Acts," *The New International Commentary on the New Testament* (Eerdmans, 1954), 214.

86 John Calvin, *Commentary Upon the Acts of the Apostles,* vol. 1 (Grand Rapids: Eerdmans, 1957), 443.

87 Stott, *The Preacher's Portrait*, 117-8.

88 Oswald Chambers, *My Utmost for His Highest* (Grand Rapids: Oswald Chambers Publications Association, 1992), May 5.

제3장
설교 전달에 있어서 청중 분석의 중요성

1 Enterpreneur, accessed 2/2/2016.

2 University of Pittsburgh, Department of Communication, Teaching Oral

Communication: A Few Basics, http://www.speaking.pitt.edu/about/teaching.html, (accessed November 28 2011).
3   http://www.speaking.pitt.edu/about/teaching.html, 27.
4   http://www.speaking.pitt.edu/about/teaching.html, 28.
5   http://www.speaking.pitt.edu/about/teaching.html, 27.
6   http://www.speaking.pitt.edu/about/teaching.html , 38.
7   John S. Seiter and Robert H. Gass, "Teaching Students How to Analyze and Adapt to Audiences," *Communication Teacher* 21, no.2 (April 2007): 45.
8   Allan R. Broadhurst, "Audience Adaptation: The Determining Factor," *Today's Speech* 11, no. 3 (September 1963): 13.
9   Beebe and Beebe, *Public Speaking*, 90.
10 R. H. Gass & J. S. Seiter, *Persuasion, Social Influence, and Compliance Gaining*, 3rd ed. (Boston: Pearson Education, 2007).
11 Shelley Lane, "The Audience Adaptation Infomercial Speech", *Communication Teacher* 23, no. 1(January 2009): 37.
12 F. W. Lambertson, "Audience Analysis in Early American Teaching of Pulpit Oratory," *The Quarterly Journal of Speech* 18 (February 1932): 93.
13 Nathanael Emmons, *A Discourse Preached at the Ordination of the Reverend Eli Smith*, November 27th, mdccxciii; Printed at Worcester, Massachusetts, by Leonard Worcester. mdccxciv. as quoted in Lambertson, 94.
14 Thomas Skinner, *The Elements of Power in Public Speaking* (Boston: Pierce & Parker, 1833), 7.
15 Haddon Robinson, *Biblical Preaching*, 2nd ed. (Grand Rapids: Baker Academic, 2008), 165.
16 Robinson, *Biblical Preaching*, 28.
17 Calvin Miller, *The Empowered Communicator* (Nashville: B&H, 1994), 13.
18 Elwell, *Evangelical Dictionary of Theology*, 948.
19 Jean Cadier, *The Man God Mastered: A Brief Biography of John Calvin*, trans. O. R. Johnston (Inter-Varsity Fellowship, 1960),173-5.
20 Walter J. Ong, *Orality and Literacy* (New York; Methuen, 1983), 176.

21 Wayne McDill, *The Moment of Truth* (Nashville: Broadman & Holman Publishers, 1999), 20.
22 University of Pittsburgh, Department of Communication, *Audience Adaptation*, http://www.speaking.pitt.edu/.student/public-speaking/audienceadaptation.html, (accessed November 28 2011).
23 J. Daniel Baumann, *An Introduction to Contemporary Preaching* (Grand Rapids: Baker, 1972), 100.
24 Lawrence O. Richards and Gary J. Bredfeldt, *Creative Bible Teaching* (Chicago: Moody Press, 1998), 94.
25 Summarized from Maslow's hierarchy of needs, http://en.wikipedia.org/wiki/Maslow's_hierarchy_of_needs, (accessed June 15 2011).
26 Abraham Maslow, *Motivation and Personality* (New York: Harper and Row, 1954), 92.
27 Duane Litfin, *Public Speaking* (Grand Rapids: Baker Books, 2004), 56-7.
28 Richards & Bredfeldt, , *Creative Bible Teaching*, 95, 97-8.
29 Loscalzo, *Preaching Sermons that Connect*, 97.
30 Manfred A. Max-Neef, Antonio Elizalde & Martin Hopenhayn, *Human Scale Development: Conception, Application and Further Reflections* (New York: Apex, 1991), 18.
31 근본적인 인간 필요들, http://en.wikipedia.org/wiki/Fundamental_human_needs(accessed June 15 2011).
32 Manfred Max-Neef, *Development and Human Needs*, 199, http://www.alastairmcintosh.com/general/resources/2007-Manfred-Max-Neef-Fundamental-Human-Needs.pdf, (accessed August 16 2011).
33 Max-Neef, *Development and Human Needs*, 200.
34 Litfin, *Public Speaking*, 59.
35 Litfin, *Public Speaking*, 49-50.
36 Henry C. Thiessen, *Introductory Lectures in Systematic Theology* (Grand Rapids: Eerdmans, 1949), 268; Litfin, *Public Speaking*, 51.
37 Jerry Vines & Jim Shaddix, *Power in the Pulpit: How to Prepare and*

Deliver Expository Sermons (Chicago: Moody Publishers, 1999), 26.

38　Calvin Miller, *Preaching* (Grand Rapids: Baker Books, 2006), 56.

39　Miller, *Preaching*, 56.

40　Miller, *Preaching*, 57.

41　사람들은 삶 속에 소망이 결여되었기 때문에 설교자에게 설교를 듣기 위해 나올 때 소망을 찾고 있다. 설교자는 성경 본문과 연계하여 소망의 메시지를 설교에 포함해야 한다.

42　Scott M. Gibson, *Making a Difference in Preaching: Haddon Robinson on Biblical Preaching* (Grand Rapids: Baker Books, 1999), 123.

43　Gibson, *Making a Difference in Preaching*, 123.

44　Beebe and Beebe, *Public Speaking*, 108.

45　University of Pittsburgh, Department of Communication, *Audience Adaptation*, http://www.speaking.pitt.edu/student/public-speaking/audienceadaptation.html, (accessed November 28 2011).

46　*Audience Adaptation*.

47　Beebe and Beebe, *Public Speaking*, 101.

48　Beebe and Beebe, *Public Speaking*, 99.

49　Haddon Robinson & Craig Brian Larson, eds., *The Art & Craft of Biblical Preaching* (Grand Rapids: Zondervan, 2005), 171.

50　Calvin Miller, *The Empowered Communicator* (Nashville: Broadman & Holman Publishers, 1994), 28.

51　Litfin, *Public Speaking*, 70.

52　Litfin, *Public Speaking*, 71.

53　Miller, *The Empowered Communicator*, 28.

54　Miller, *The Empowered Communicator*, 29.

55　Miller, *The Empowered Communicator*, 30.

56　Myron R. Chartier, *Preaching as Communication: An Interpersonal Perspective* (Nashville: Abingdon, 1981), 44.

57　William H. Willimon, *Integrative Preaching, Abingdon Preacher's Library*, ed. William D. Thompson (Nashville: Abingdon, 1981), 23.

58 Elizabeth Achtemeier, *Creative Preaching, Abingdon Preacher's Library*, ed. William D. Thompson (Nashville: Abingdon, 1981), 55f.
59 Carter, Duvall, and Hays, *Preaching God's Word* (Grand Rapids: Zondervan, 2005), 89.
60 Carter, Duvall, and Hays, *Preaching God's Word*, 90.
61 Quentin Schultze, *An Essential Guide to Public Speaking: Serving Your Audience with Faith, Skill, and Virtue* (Grand Rapids: Baker Academic, 2006), 49.
62 Schultze, *An Essential Guide to Public Speaking*, 49–50.
63 Schultze, *An Essential Guide to Public Speaking*, 50.
64 Schultze, *An Essential Guide to Public Speaking*, 55.
65 Adams, *Preaching with Purpose*, 34.
66 Adams, *Preaching with Purpose*, 35.
67 Adams, *Preaching with Purpose*, 36.
68 Adams, *Preaching with Purpose*, 38.
69 Beebe and Beebe, *Public Speaking*, 121.
70 Gibson, *Making a Difference in Preaching*, 122.
71 Adams, *Preaching with Purpose*, 38–40.
72 Miller, *Preaching*, 51.
73 Miller, *Preaching*, 43–45.
74 Willhite, *Preaching with Relevance* (Grand Rapids: Kregel Publications, 2001), 24–26.
75 Willhite, *Preaching with Relevance*, 26.
76 Willhite, *Preaching with Relevance*, 26–27.
77 Willhite, *Preaching with Relevance*, 28–30.
78 Litfin, *Public Speaking*, 71.

제4장
설교 전달에 있어서 청중 맞춤의 중요성

1. Beebe and Beebe, *Public Speaking*, 95.
2. Jay Adams, Essay on Biblical Preaching, Ministry Resources Library (Grand Rapids, MI: Zondervan Publishing House, 1982), 32−33.
3. Gibson, *Making a Difference in Preaching*, 131−2.
4. Stott, *Between Two Worlds*, 196−7.
5. Edwards, *Deep Preaching*, 155.
6. Edwards, *Deep Preaching*, 156.
7. Edwards, *Deep Preaching*, 156−7.
8. Ed Rowell, "The Heresy of Application: It's When We're Applying Scripture That Error Is Most Likely to Creep in−An Interview with Haddon Robinson," *Leadership* 18 (Fall 1997): 20.
9. Carter, Duvall, and Hays, *Preaching God's Word*, 121.
10. Duvall and Hays, *Grasping God's Word*, 216−23; Carter, Duvall, and Hays, *Preaching God's Word*, 122.
11. 은유 개발을 위한 자세한 설명은 에드워즈의 『깊은 설교』의 126−141와 조성헌, "설교와 청중 맞춤 은유," 개신대학원대학교, 「개신논집」 15집 (2015): 79−102를 참고하라.
12. Carter, Duvall, and Hays, *Preaching God's Word*, 126−7.
13. Willhite, *Preaching with Relevance*, 31−33.
14. Willhite, *Preaching with Relevance*, 31.
15. McDill, *The Moment of Truth*, 175.
16. Beebe and Beebe, *Public Speaking*, 116.
17. Miller, *The Empowered Communicator*, 189.
18. Miller, *The Empowered Communicator*, 192−205.
19. Al Fasol, *A Guide to Self Improvement in Sermon Delivery* (Grand Rapids, Mich.: Baker Books, 1983), 63; Miller, Miller, *The Empowered*

      Communicator, 202.
20 McDill, *The Moment of Truth*, 176.
21 John A. Broadus, *A Treatise on the Preparation and Delivery of Sermons* (Philadelphia: H. B. Garner, 1883), 319.
22 McDill, *The Moment of Truth*, 121. 각 요소의 더 자세한 내용을 위해서는 120-6을 참조하라.
23 McDill, *The Moment of Truth*, 118-9.
24 Haddon Robinson and Craig Brian Larson, eds., *The Art and Craft of Biblical Preaching* (Grand Rapids: Zondervan, 2005), 464.
25 McDill, *The Moment of Truth*, 127-9.
26 Robinson, *Biblical Preaching*, 179-89.
27 Rick Ezell, *Hitting a Moving Target* (Grand Rapids: Kregel Publications, 1999), 137.
28 한국 기독교 분석 리포트, 299.
29 한국 기독교 분석 리포트, 299.
30 Robinson and Gibson, eds., 688. 빌 하이벨즈의 개인적인 설명에 대해서는 688-95을 참조하라.
31 Reuel Howe, *Partners in Preaching: Clergy and Laity in Dialogue* (New York: Seabury, 1967).
32 Gibson, *Making a Difference in Preaching*, 132-4.
33 Robinson and Larson, eds., *The Art & Craft of Biblical Preaching*, 699.

제5장
실제적인 예문 및 결론

1 Willhite, *Preaching with Relevance*, 31.

설교와 청중
Preaching and Audience

2016년 11월 30일 초판 발행

지 은 이 | 조성헌

편　　집 | 정희연, 조광수
디 자 인 | 이재희, 이수정
펴 낸 곳 | 사)기독교문서선교회
등　　록 | 제16-25호(1980. 1. 18)
주　　소 | 서울시 서초구 방배로 68
전　　화 | 02) 586-8761~3(본사) 031) 942-8761(영업부)
팩　　스 | 02) 523-0131(본사) 031) 942-8763(영업부)
홈페이지 | www.clcbook.com
이 메 일 | clckor@gmail.com
온 라 인 | 기업은행 073-000308-04-020, 국민은행 043-01-0379-646
　　　　　예금주: 사)기독교문서선교회

ISBN 978-89-341-1583-0 (93230)

* 낙장·파본은 교환해 드립니다.

이 도서의 국립중앙도서관 출판시 도서목록(CIP)은 서지정보유통지원시스템 홈페이지(http://seoji.nl.go.
kr)와 국가자료공동목록시스템(http://www.nl.go.kr/kolisnet)에서 이용하실 수 있습니다.
(CIP제어번호: CIP2016021733)